Hildebrand Henatsch

Herkunft und Entwicklung des Glaubens an Gott

Hildebrand Henatsch

Herkunft und Entwicklung des Glaubens an Gott

Ein Streifzug durch Bibel und Theologiegeschichte

Steinmann

Meiner Kirche,
dass sie sich erneuere – und allen,
die nach der Bedeutung des Glaubens
in unserer Zeit fragen

Erste Auflage

ISBN 978-3-927043-56-5
Covergestaltung: Elsa von Rahden, Kassel
Titelabbildung: Brotvermehrungskirche in Tabgha, Mosaik: „vier Brote und zwei Fische" – Wikimedia Commons, Berthold Werner
Autorenfoto: Hildebrand Henatsch, privat
Herstellung: BoD - Books on Demand, Norderstedt

www.steinmannverlag.de

Inhaltsverzeichnis

Einleitung: die schwindende Bedeutung des Gottesdienstes

Worauf ist der geringe und wohl immer noch rückläufige Gottesdienstbesuch in vielen Gemeinden zurückzuführen?

In der Kirche in Hamburg-Wilhelmsburg, in der ich während meiner letzten 20 Jahre als Gemeindepastor zu predigen hatte, besteht die Gottesdienstgemeinde heute durchschnittlich aus 20 bis 30 Besucherinnen und Besuchern. Oft sind es noch weniger. Bei einer Gemeinde von etwa 4.000 Mitgliedern beträgt der Anteil der regelmäßigen GottesdienstteilnehmerInnen somit gerade einmal 0,5 %. Nach der Statistik für den Gesamtbereich der EKD nehmen etwa 4% der Kirchenmitglieder regelmäßig am Gottesdienst teil.

Liegt es daran, dass der Sonntag Teil des freien Wochenendes ist und die vielen Angebote der Freizeitgestaltung die Menschen heute ganz anders in Anspruch nehmen, als das in früheren Zeiten der Fall war? Noch bis ins 19. Jahrhundert hinein war der Gottesdienst die einzige öffentliche Veranstaltung im Dorf oder auch in der Stadt, in der man zusammen kam, Neues erfuhr, sich sehen ließ und gesehen wurde. "Man" ging zum Gottesdienst, und wer es nicht tat, schloss sich aus der Gemeinschaft (nicht nur der kirchlichen) aus. Es gab ja auch eine Gottesdienstpflicht. In der Verbindung von Thron und Altar gehörte der Gottesdienst zur Grundlage staatlicher Ordnung. Daher achtete der Landesherr oder Patron einer Kirchengemeinde darauf, dass seine Untertanen der Pflicht zum Besuch des Gottesdienstes nachkamen, wie sie in der Erklärung Martin Luthers zum 3. Gebot formuliert ist: "*Den Feiertag heiligen, bedeutet,* ... dass wir die Predigt und sein (Gottes) Wort nicht verachten, sondern es heilig halten, gern hören und lernen!"

In unserem freiheitlichen religiös-neutralen Rechtsstaat gibt es diese öffentliche Gottesdienstpflicht und den gesellschaftlichen Druck nicht mehr.

Man "muss" nicht mehr zum Gottesdienst gehen! Die Teilnahme am Gottesdienst hängt ausschließlich an der persönlichen Motivation des Einzelnen. Warum also soll man sich am

Sonntagmorgen auf den Weg in die Kirche machen? Man kann den Sonntagmorgen auch anders verbringen. Vom Spaziergang oder Joggen im Grünen bis zu touristischen oder kulturellen Angeboten gibt es eine Fülle von möglichen Freizeitaktivitäten, die dem Gottesdienst am Sonntagmorgen Konkurrenz machen. An die Stelle des "Gottes-Dienstes" tritt für Viele heute der "Dienst" am Körper: Fitness, Jogging, Walking usw.

Wichtiger aber scheint mir, dass mit dieser gesellschaftlichen Veränderung auch eine Veränderung des religiösen Bewusstseins einhergeht. Es geht nicht nur um die Frage, ob ich am Sonntagmorgen den Gottesdienst besuche oder lieber jogge oder spazieren gehe. Es geht vor allem um die Frage, inwieweit der Glaube an Gott, wie er im Gottesdienst gefeiert und verkündet wird, für mein Leben heute bedeutsam ist. Denn die gottesdienstliche Liturgie mit dem Glaubensbekenntnis und ein Großteil unserer Lieder im Gesangbuch sind einer Zeit vor der Aufklärung verhaftet. Gott wohnt oder thront als Richter im Himmel, der sich über die Erde wölbt. Unter der Erde erwartet den Sünder die Hölle mit ihren Qualen. Der Glaube an den Gekreuzigten, der uns durch sein Sterben am Kreuz die Gerechtigkeit vor Gott erwirkt hat, kann vor der Höllenstrafe des Endgerichts bewahren. Dieser Glaube aber muss "recht" geglaubt werden. Dazu bedarf es der Treue im Hören auf Gottes Wort, das uns die durch Christi Blut erwirkte Vergebung und Gerechtigkeit zuspricht. Der Gottesdienst diente der Vergewisserung des Heils im Ewigen Leben.

Hat diese Art des Gottesglaubens als Heilsvergewisserung noch eine Bedeutung in unserer von wissenschaftlichem Denken geprägten aufgeklärten Zeit? Wohl eher nicht!

Ganz allgemein gefragt: *Wie und warum überhaupt soll man an Gott glauben in einer Zeit, in der es keine räumliche Vorstellung vom Himmel Gottes mehr gibt?*

Wozu an Gott glauben, in einer Zeit, in der wir – wie noch nie vorher – auf das menschlich Machbare und Beherrschbare ausgerichtet oder fixiert sind?

Man könnte sagen: An die Stelle der Heilsvergewisserung durch den Glauben ist eine Absicherung unseres Lebens getreten, die wir durch unsere menschlichen Möglichkeiten bewerkstelligen. Den Gefahren für Leib und Leben begegnen wir mit immer besseren medizinischen Mitteln und Apparaturen. In Hungersnöten oder Naturkatastrophen sehen wir nicht mehr die Strafe Gottes, sondern die Herausforderung zur Hilfe, die weltweit organisiert wird. Selbst Geburt und Tod eines Menschen werden beeinflussbar durch den medizinischen Fortschritt.

Angesichts dieser Veränderung unseres Welt- und Lebensverständnisses möchte ich der Geschichte des Gottesglaubens nachgehen. Worin hat der Glaube an Gott seinen Ursprung? Wie hat er sich entwickelt und – bedingt durch die zeitlichen Umstände – immer wieder verändert? Glaube an Gott hat es nicht losgelöst von dem jeweiligen Weltbild und Weltverständnis gegeben. Er will immer wieder neu eine Antwort auf die Fragen und Herausforderungen der jeweiligen Zeit sein.

I. Der Gottesglaube im Alten Ägypten – seine Herkunft aus dem Naturglauben[1]

Eine eindrucksvolle Reise nach Ägypten hat mir Gelegenheit gegeben, mich mit dem Götterglauben des alten Ägyptischen Reiches zu beschäftigen.

An die 500 Götter – meistens lokale Naturgottheiten – soll es gegeben haben. Vielfach wurden sie durch Tiergestalten abgebildet (Krokodil, Löwe, Widder, Falke). In den dargestellten Tieren symbolisierten sich die Mächte und Gefahren, denen sich die Menschen in der Natur ausgesetzt sahen. Ähnlich gab es Göttinnen der Fruchtbarkeit oder Liebe, des Lebens und des Todes, der Sonne und der Gestirne.

---

1 Außer den Informationen während meiner Ägyptenreise habe ich das Buch von Hermann A. Schlögl, Das Alte Ägypten, München 2003, als Grundlage verwendet.

Man wusste sich abhängig von den Kräften der Natur und erlebte ihre Gefahren. Durch den Ritus des Opfers suchte man die Götter zu beeinflussen und ihre Macht zum Segen für die Ernte und das eigene Leben werden zu lassen.

1. Naturglaube und Opferritus

Für die Zeremonie des Opfers war der Priester zuständig. Auf dem Opferaltar wurden das Opfertier oder Feldfrüchte dem Gotte dar gebracht. Die Gottheit selbst wurde durch ein Standbild oder Relief repräsentiert.

Sehr bald baute man an diesen Opferstätten der jeweiligen Gottheit einen Tempel. Der heute am besten erhaltene Tempel in Ägypten ist der Horustempel in Edfu. Er besteht aus einem großen von Säulen umfassten Vorhof, in dem sich das Volk zu bestimmten Opferfesten versammelte. Der Innenraum, das Allerheiligste des Tempels, durfte nur vom Priester und Pharao betreten werden. Denn der Tempel galt als das Haus Gottes. An bestimmten Festtagen wurde der Einzug der Gottheit gefeiert. Sie wurde mit einer Barke in das Allerheiligste des Tempels geleitet, um hier die Opfergaben zu empfangen. Anschließend geleitete man die Barke mit der Gottheit hinaus auf die Felder, um die Fruchtbarkeit der Saat zu erwirken.

2. Glaube und Gebet

Zum Ritus des Opfers gehört in allen Religionen oder Kulten das Gebet.[2]

Die Gebete z.B. afrikanischer Kulte, die sich mit einer Opferhandlung verbinden, reichen *vom* Zauberspruch gegen Schlangenbisse oder böse Geister *über* Gebete zur Weihe der Waffen und um die Heimkehr der Krieger *bis hin* zum Bittgebet am Morgen um die Bewahrung vor Strafe, Übel oder jeglichem Unglück. Es gibt das Gebet um Regen und gute Ernte und das Gedeihen der Viehherde.

---

[2] Gebete der Menschheit, herausgegeben von Alfonso M. Di Nola, erschienen im Deutschen Bücherbund Hamburg.

Interessant, dass es auch die Klage gibt: "Wozu opfern wir? Was nützt es, dass wir schlachten und dich preisen Gott?" Dann aber auch die Bereitschaft, sich dem Willen Gottes zu fügen: "In deiner Größe bin ich groß! Mit dem, was du willst, stimme ich überein."[3]

Das Gebet um die Bewahrung vor Gefahr, Unglück und Not, um das tägliche Gelingen des Lebens, weitet sich auch schon in den frühen Kulten aus zum umfassenden Lob und Preis des jeweiligen Gottes als Schöpfer der Welt: "Als Gott alle Dinge schuf, erschuf er die Sonne, und die Sonne wird erschaffen, geht unter und kehrt wieder. Und der Mond wird erschaffen, geht unter und kehrt wieder. Und die Sterne werden erschaffen, gehen unter und kehren wieder. Und der Mensch wird erschaffen, stirbt und kehrt nicht mehr wieder."[4]

Das Gebet bringt zum Ausdruck, was das Opfer bewirken soll. Im Gebet vergewissert sich der Betende des Schutzes und der Hilfe Gottes. Im Gebet aller Völker – aller Menschen – vollzieht sich der Glaube an Gott (wie immer er genannt oder mit welchem Bild er dargestellt wird), indem der Betende sich "alles Guten vergewissert und Zuflucht sucht in allen Nöten" (M. Luther in seiner Erklärung zum 1.Gebot im Großen Katechismus als Antwort auf die Frage, was es heißt, einen Gott zu haben).

3. Der Herrscherkult

Gottesglaube verbindet sich in der Antike sehr früh mit dem Herrscherkult. Gott wird nicht nur im Tempel, in Tier- oder anderen Symbolen präsent und mit Opfergaben verehrt und in Gebeten um Schutz und Wohlergehen angefleht. Sondern Gott wird auch präsent im staatlichen Herrscher, im Pharao oder Großkönig.

In der ägyptischen Mythologie wird der Gottessohn Horus, der Sohn des Götterpaares Isis und Osiris, zum Urbild des Pharao. In der Gestalt des Pharao ereignet sich jeweils die Inkarna-

---

3 Gebete der Menschheit, a.a.O., S. 18.

4 Gebete der Menschheit, a.a.O., S. 28.

tion des Gottes Horus. Auf vielen Reliefs wird der Pharao an seiner Seite dargestellt. Der Pharao übergibt ihm die Opfergaben und empfängt dafür das Zeichen des Lebens und damit die Würde der Gottessohnschaft.

Mit der Verehrung der jeweiligen Gottheit verbindet sich somit die Verehrung des Herrschers als dem "Gottessohn". Die Tempel werden nicht nur zur Ehre der Gottheit, sondern auch zur Ehre des Pharao gebaut. Und jeder Pharao setzt seine Ehre darein, den möglichst größten Tempel zu bauen.

Als "Gottessohn" obliegt dem Pharao der Schutz des Volkes vor seinen Feinden. Er wird daher auf den Tempelreliefs immer wieder als Krieger im Streitwagen dargestellt, der die Feinde am Schopf ergreift und niederschlägt. Gleichzeitig repräsentiert er die staatliche Ordnung. Er ist der Göttin Maat verantwortlich, der Göttin der Rechtschaffenheit. Seine Aufgabe ist es, die staatliche Ordnung im Sinne der Maat durchzusetzen. Der Glaube an Gott wird somit auch zur Grundlage der staatlichen Ordnung. Er dient dem Zusammenhalt des Volkes.

4. Glaube als Totenkult

In besonderer Weise entwickelte sich Gottesglaube im Alten Ägypten als Totenkult. Er galt zunächst und vor allem dem jeweiligen Pharao. Die riesigen Pyramiden und die Grabkammern im Tal der Könige, die mit wertvollen Grabbeilagen gefüllt waren, bringen den Vollzug des Totenkultes zum Ausdruck. Man glaubte an das körperliche Weiterleben des Pharao im Jenseits. Um sein Fortleben zu sichern, wurde der Körper des verstorbenen Pharao einbalsamiert und die Grabkammer mit reichen Gaben für die Fahrt ins Jenseits ausgestattet.

Später entwickelte sich dieser zunächst nur dem Pharao vorbehaltene Totenkult zu einem Glauben an ein Weiterleben nach dem Tod für alle Menschen. Im Zentrum dieses Glaubens stand das Totengericht, das der Verstorbene auf der Fahrt ins Jenseits zu bestehen hatte. Das Gericht entschied darüber, ob der Verstorbene mit seinem Leben den Geboten der Göttin Maat, der Gerechtigkeit und Wahrhaftigkeit, genügt hatte. Die

Prüfung wurde als Waage vorgestellt. In der einen Waagschale lag die kleine Göttin Maat und in der anderen das Herz des Verstorbenen. War das Herz zu schwer von Schuld, neigte sich Waage hin zur Verdammnis. Der Verstorbene versank in die ewige Finsternis, die als eine Art Höllenschlund dargestellt wurde. Bestand das Herz die Prüfung, wurde der Verstorbene auf einer Barke ins ewige Leben geleitet.

Diese Gerichtsvorstellung wirkte zurück auf das Leben des Einzelnen. Der Glaube an Gott verband sich mit Geboten, die sich auf die rechte Lebensführung richteten, um im Endgericht bestehen zu können. Nicht nur ging es um die Bewahrung vor äußerer Not oder Gefahr, sondern auch darum, für das eigene "Seelenheil", für das Leben nach dem Tod zu sorgen.

Dass die späteren christlichen und islamischen Vorstellungen vom Richterstuhl Gottes in der ägyptischen Vorstellung vom Totengericht ihre Wurzeln haben, dürfte nahe liegen.

5. Glaube als Monotheismus

Eine besondere Form des Gottesglaubens und der Gottesverehrung wurde mit Pharao Amenophis IV. (1372-1355 v. Chr.) als Monotheismus in Ägypten eingeführt. Der alleinige zu verehrende Gott wurde der Sonnengott Aton. In seinem Symbol der Sonnenscheibe versinnbildlichte sich die Allgegenwart Gottes als Ursprung allen Seins.

Das Neue war nicht nur die Verehrung eines einzigen höchsten Gottes. Das Neue der Reform des Pharao Amenophis, der sich dann Echnaton – dem Aton gehörig – nannte, war vor allem die Ausschließlichkeit des von ihm etablierten Kultes. Echnaton war von der Frage nicht nur nach dem einzigen, sondern nach dem wahren Gott getrieben, nach dem Gott, neben dem es keine anderen Götter mehr geben konnte und durfte. Alle anderen Götter und Götterkulte mit ihren Tempeln oder Gebetsstätten wurden daher verboten und zerstört. Heute ist kaum vorstellbar, was diese radikale Reform für das Land und seine Bewohner bedeutete. Vor allem die Priesterschaft der bisherigen Tempel und Kulte wurde ihre Pfründe los und verlor ihre Macht über die Gläubigen. Der gottesdienstliche Ritus, der sich bisher an bestimmten für die Menschen geheiligten Orten vor greifbaren Bildnissen vollzog und sich auf die konkreten Nöte des alltäglichen Lebens bezog, hatte einem eher abstrakten Glauben an den fernen Sonnengott Aton als dem allmächtigen einzigen Gott zu weichen.

Echnaton selbst verstand sich als der Mittler des Gottes, der nicht nur als der Schöpfer der Welt und Ursprung aller Dinge, sondern gleichzeitig als der all-liebende Gott zu bekennen war. So wie sich alles Leben dem Licht der Sonne verdankt, und es im Schein der Sonne kein Dunkles gibt, so ist Aton der Gott, der alle Geschöpfe liebt. In ihm ist kein Leid, Unrecht oder Tod.

Jedem Geschöpf wendet er sich zu. Diese Liebe Gottes offenbart sich im Sonnenlicht, das jeden Morgen neu ist. Im Zusammenleben mit seiner Ehefrau Nofretete und seinen Kindern beanspruchte Echnaton, selbst ein Abbild dieser Gottesliebe zu sein.

Der Aton-Kult des Echnaton war der erste Monotheismus der Geschichte. Nach dem Tod Echnatons kehrte man wieder zurück zum hergebrachten Götterglauben. Die von Echnaton gegründete Stadt Achetaton in der westlichen Wüste als alleinigem Ort der Verehrung des Aton verfiel und die alten Tempelstädte erstanden aufs Neue.

Dennoch wirkte der Monotheismus des Echnaton in der Geschichte fort. Die große Ähnlichkeit seines Sonnengesangs mit Psalm 104 weist auf die Verbindung zwischen ägyptischer und israelisch-jüdischer Religion hin. Gottesglaube als Verehrung und Anbetung des einen wahren Gottes mit seiner Intoleranz gegenüber anderen Weisen der Gottesverehrung ging hervor aus der Frage nach dem wahren Gott. Echnaton gab sich nicht zufrieden mit dem Nebeneinander verschiedene Gottheiten. Der wahre Gott kann nur einer sein, der über allem steht und aus dem alles hervorgeht. Die Kehrseite dieser Suche nach dem wahren Gott ist die Behauptung und Durchsetzung dieses Glaubens als einzige Wahrheit. Die Wahrheit Gottes wird zum Gesetz und ein Mittel der Macht über Menschen. Schon zu Zeiten des Echnaton verband sich dieser Gottesglaube mit Gewalt, mit der Unterdrückung der Anders- oder Ungläubigen. Die Herrschaft des Echnaton lief auf einen Gottesstaat hinaus, der bei aller Verkündigung eines "liebenden Gottes" nicht nur eine Herrschaft im Sinne einer staatlichen Ordnung war, sondern auch die geistige Macht über die Untertanen anstrebte und ausübte.

II. Der Gottesglaube Israels im Alten Testament[5]

1. Der Ursprung im Naturglauben

Ursprünglich war der Gottesglaube im Israel des Alten Testamentes – ähnlich wie in anderen Völkern auch – ein mit dem Opferkult verbundener Naturglaube. Zentrum des gemeinsamen Kultes war die "Heilige Lade", ein Wanderheiligtum der ursprünglich nomadisierenden Stämme Israels. Sie wurde als Thron Gottes verehrt. Dieses Wanderheiligtum hatte seinen Ort zunächst in Sichem, später wurden Bethel, Gilgal und Silo die zentralen Kultorte.

Den gemeinsamen Kult hatten die Israeliten mit der Landnahme von den Knaanäern übernommen. Auch die Kultorte hatten ihren Ursprung im Kult der sesshaften Kanaaniter. Ähnlich wie die Ursprungsbevölkerung opferte man die Erstlinge der Feldfrüchte und Tiere anlässlich eines Wallfahrtsfestes im Frühjahr oder vor der Ernte. Dazu gehörte wie bei allen Völkern der Antike auch das Priestertum, das sich an den zentralen Kultorten heranbildete und für die Zeremonie des Opferkultes zuständig war.

---

[5] Ich beziehe mich im Folgenden auf die Werke zum Alten Testament von Martin Noth, „Die Geschichte Israels", und Gerhard von Rad, "Die Theologie des Alten Testamentes", wie sie mir von meinem Studium her geläufig sind. Mir ist dabei klar, dass inzwischen die alttestamentliche Forschung fortgeschritten ist und zu neuen Ergebnissen im Einzelnen gekommen ist – die Entwicklung des Gottesglaubens im AT im Ganzen aber weiterhin so gesehen werden kann, wie Martin Noth und Gerhard von Rad sie in ihren Werken darstellen.

2. Gottesglaube als Gehorsam gegen Gottes Gebote

Neben und verbunden mit dem Opferkult aber bestand, seit sich die zwölf Stämme zu einem Volk versammelten und das Land Kanaan besiedelten, das Besondere des Gottesdienstes in der Verkündigung der "Rechtssatzungen" Gottes. Im Gottesdienst stellte sich das Volk unter das Gottesgesetz, das "seine Bewährung in allen Lagen des Lebens verlangte".[6]

Gott war für Israel nicht nur ein Naturgott, sondern in erster Linie ein Gott der Gebote und des Rechts. Die oberste Autorität hatte daher auch nicht der Priester, sondern der Richter als derjenige, der das Volk auf die Gebote Gottes verpflichtete und über ihre Einhaltung wachte.

Seinen Ursprung hat dieser Glaube im sog. Bundesschluss am Sinai (2. Mose 19,5f). Historisch wird es so gewesen sein, dass Sippen eines Stämmeverbandes aus dem Deltagebiet des Nils stammten, wo sie regelmäßige Wallfahrten zum Heiligen Gottesberg im Sinai unternahmen. Der Gottesname "Jahwe" war mit diesem Gottesberg verbunden. Nach der Überlieferung ist es Mose, der dort als Führer des Volkes während einer vulkanischen Naturerscheinung die entscheidende Gottesoffenbarung, die Gebote, empfängt. Mit den Geboten verpflichtet Mose das Volk auf das Grundbekenntnis zu Gott als dem alleinigen Gott: „Höre, Israel, der Herr ist unser Gott, der Herr allein!" (Shema Israel). Dazu kam das Grundgebot der Liebe zu Gott: „Du sollst den Herrn, deinen Gott, liebhaben von ganzem Herzen, von ganzer Seele und mit all deiner Kraft" (5. Mose 6,4-5).

Dieser Überlieferung verdankt Israel sein Bewusstsein, das von Gott erwählte Volk zu sein – zu besonderem Gehorsam gegen Gott verpflichtet. Damit unterschied es sich in seinem Gottesglauben von dem anderer Völker. Das "Ich bin der Herr dein Gott" des ersten Gebotes verbindet sich mit dem Verbot: "Du sollst keine anderen Götter neben mir haben!"[7]

---

[6] Martin Noth, a.a.O., S 100.

[7] Gerhard von Rad, Theologie des Alten Testamentes, Bd. I, S. 30f. Gerhard v. Rad sieht in dieser "kultischen Intoleranz" ein "religionsgeschichtliches Unikum". Zu vermuten wäre dagegen, dass es hier

Dieser Glaube an den einen Gott Jahwe aber gerät durch die Landnahme der zwölf Stämme "in die Krise" (G. v. Rad). Nicht nur, dass die Feste und der Opferkult der ursprünglichen, bäuerlichen Bevölkerung übernommen wurden. Weit kritischer war die Begegnung und Auseinandersetzung mit den Fruchtbarkeitskulten Kanaans, dem "Baalskult". Der Baal wurde als Besitzer des Landes vorgestellt. In ihm verehrte man die mythisch-segnende Potenz. Denn mit seinem Sperma (Regen) – so der Glaube – befruchtete er die Erde. Der Mensch gewann Anteil an dieser Segenskraft, indem er das Geschehen sexuell nachvollzog. Die kultische Prostitution, für die Weihedirnen an bestimmten Kultorten zur Verfügung standen, war ein Wesensmerkmal dieses Gottesdienstes.

An dieser "Divinisierung (Vergöttlichung) des Geschlechtlichen" (G. v. Rad) durfte sich Israel nicht beteiligen. Es galt, den Baalskult zu bekämpfen, wovon die Eliageschichte vom Gottesurteil auf dem Karmel (1. Kön. 18) erzählt.

3. Das Bekenntnis zur Befreiung aus der Versklavung in Ägypten

Ein weiterer wesentlicher Bestandteil israelitischen Gottesglaubens und Gottesdienstes ist das Bekenntnis zur Befreiung des Volkes aus der Knechtschaft in Ägypten. In 5. Mose 26,5-9 wird dieses Bekenntnis wiedergegeben. Vor der Opferung der Feldfrüchte soll der Opfernde dieses Bekenntnis sprechen: "Ich bekenne heute dem Herrn, meinem Gott, dass ich gekommen bin in das Land, das der Herr, wie er unsern Vätern geschworen hat, uns geben wollte." Nachdem darauf der Priester den Korb der für die Opferung bestimmten Feldfrüchte entgegengenommen hat, soll der Opfernde fortfahren: "Mein Vater war ein Aramäer, dem Umkommen nahe, und zog hinab nach Ägypten, war dort ein Fremdling und wurde dort ein großes, starkes und

---

eine Verbindung zum Monotheismus des ägyptschen Pharao Echnaton gibt, der erstmalig in der Relionsgeschichte einen die anderen Götter ausschließenden Monotheismus verkündigte und einführte.

zahlreiches Volk." Das Bekenntnis spricht weiter von der Unterdrückung, der die Israeliten in Ägypten unterworfen waren, wie sie zu Gott geschrien haben und erhört wurden, und wie Gott sie aus Ägypten "mit mächtiger Hand und ausgerecktem Arm und mit großem Schrecken, durch Zeichen und Wunder" herausgeführt hat und sie „an diese Stätte brachte und ihnen dieses Land gab, darin Milch und Honig fließt."

Die alttestamentliche Forschung sieht in diesem Bekenntnis den Ursprung der Geschichte vom Auszug des Volkes Israel aus Ägypten. Sie wird im 2. Buch Mose ausführlich erzählt, wobei die Historizität der dort berichteten Ereignisse allerdings sehr ungewiss ist. Dennoch: Sie überliefert eine zweifache Erinnerung, die den Glauben Israels bestimmt hat und bestimmt:

- die Erinnerung und den Glauben, dass das Land, in das man eingewandert ist, Israel von Gott gegeben ist. Es ist ein von Gott geschenktes und damit geheiligtes Land;
- die Erinnerung und den Glauben, seinen Ursprung als Volk einer Rettungstat Gottes zu verdanken. Gott hat das Volk aus der Sklaverei herausgeführt in ein Land der Freiheit, in dem es keinen fremden Mächten untertan ist.

Damit wird der Glaube Israels ein geschichtlicher. Gott präsentiert sich nicht so sehr in den Kräften oder Gefahren der Natur. Sondern Gottes Handeln geschieht vor allem in der Geschichte, die das Volk erlebt hat und erlebt. Diese Geschichte hat in dem Ereignis der Errettung aus Ägypten einen verheißungsvollen Anfang. In ihm ist Gott als gnädiger, befreiender und mächtiger Gott zu erkennen. Das Volk erfährt die Bestimmung, Gottes Volk und Eigentum zu sein. Mit dieser Bestimmung ist die Verpflichtung des Volkes verbunden, seinem Gott treu zu bleiben und sich an seine Gebote zu halten. Darin soll es seiner Bestimmung gerecht werden, der Bestimmung nämlich, Gottes Volk unter den Völkern und auch für die Völker dieser Welt zu sein.

Wenn später im Laufe seiner weiteren Geschichte das Volk seine Freiheit wieder verliert und unter die Herrschaft fremder

Mächte gerät, wird das als Strafe Gottes für seinen Ungehorsam und Abfall von Gott gedeutet.

4. Die Berufung Abrahams zum Segen für die Völker im Unterschied zum Gott des Krieges

In eine ähnliche Richtung wie das Bekenntnis zur Errettung aus der Sklaverei in Ägypten weist die Erzvätertradition. Ursprünglich wurde sie gesondert überliefert und später in die Gesamtgeschichte Israels eingefügt. Sie beginnt mit der Berufung Abrahams (1. Mose 12). Hier steht am Anfang keine Rettungstat, sondern der Ruf Gottes an Abraham, sein Heimatland zu verlassen und in ein Land zu ziehen, das Gott ihm zeigen und geben will. Man kann die Berufung Abrahams so deuten: Gott offenbart sich hier als ein Gott, der in die Zukunft weist. Gott verheißt ein neues Land, eine neue Zukunft. Um dieser Zukunft willen gilt es, die Heimat mit ihrem gewohnten Götterglauben und Brauchtum zu verlassen.

Anders als in der Tradition des Auszuges aus Ägypten kommt hier zum Ausdruck, warum Gott Abraham auffordert, seine Heimat zu verlassen: "Und ich will dich zum großen Volke machen und will dich segnen und dir einen großen Namen machen, und du sollst ein Segen sein. Ich will segnen, die dich segnen ... und in dir sollen gesegnet sein alle Geschlechter auf Erden!" (1. Mose 12,1-3).

Zu fragen ist, was für ein Segen hier gemeint ist, und inwiefern Israel zum Segen für andere Völker geworden ist? Hinzuweisen wäre hier auf die prophetische Verheißung eines Friedensreiches, das einmal aus diesem Volk hervorgehen wird. Israel ein Volk des Friedens, dazu bestimmt, Gottes Frieden in die Welt zu tragen?

Zunächst aber gilt es zu sehen, dass der Gott Israels als mächtiger Kriegsgott geglaubt wurde, der die Feinde des Volkes besiegt und vernichtet.

Die Herausführung aus Ägypten wird nicht als friedlicher Auszug erzählt. Vielmehr muss der ägyptische Pharao zunächst gezwungen werden, das Volk ziehen zu lassen. Gott lässt schlimme Naturkatastrophen und Seuchen als "Plagen" über das ägyptische Volk kommen als Strafe dafür, dass der Pharao das Volk nicht ziehen lassen will. Die letzte schreckliche Plage, mit der Gott alle erstgeborenen Kinder und Tiere in Ägypten vernichtet, bewirkt schließlich, dass Pharao das Volk ziehen lässt. Als dieser dann seinen Beschluss bereut und seine Reiterei hinterher schickt, um das Volk Israel zurück zu holen, geschieht das Wunder am Schilfmeer: Gott macht, dass die Fluten des Roten Meeres zurückweichen, so dass das Volk trockenen Fußes hindurch ziehen kann. Die ägyptische Reiterei, die die entstandene Furt ebenfalls nutzen will, versinkt in der zurück strömenden Flut, "Ross und Reiter warf er (Gott) ins Meer!", so erinnert das Siegeslied der Prophetin Miriam die Wundertat Gottes (2. Mose 15,21). Und im Lobgesang des Mose wird Gott als der "rechte Kriegsmann" gepriesen. "Pharaos Wagen und seine Macht warf er ins Meer" (2. Mose 15,4).

Als dann Josua das Volk in das gelobte Land führt, werden nach der Überlieferung des Josuabuches die Städte Kanaans mit der Hilfe ihres Gottes kriegerisch eingenommen. Gott gibt diese Städte – z.B. Jericho – in die Hand des Volkes und vollstreckt an ihnen den "Bann". D.h. die Einwohner der so "gebannten" Städte werden umgebracht und ihr Eigentum gehört Jahwe bzw. dem Volk Israel (Jos. Kap. 6 u. 8).

Hier handelt es sich um eine spätere Darstellung dieser Ereignisse, also um eine nachträgliche vom Glauben gestaltete Deutung. Die Landnahme, so weiß man heute, ist weitgehend friedlich über einen langen Zeitraum erfolgt.

Aber der Gottesglaube, der sich in der Darstellung der Geschichte des frühen Israels kund tut, ist der Glaube an einen mächtigen Gott, der sein Volk aus der Hand seiner Feinde errettet und damit seine Stärke und Überlegenheit über die Götter der anderen Völker zeigt.

5. Die Veränderung des Gottesglaubens im Großreich Davids

Mit der Bildung eines israelischen Großreiches unter König David verändern sich die Lebensverhältnisse Israels und damit auch der Gottesglaube. War vorher das Leben des Einzelnen eingebunden in den Ritus und die Ordnungen des sakralen Stämmeverbandes, begann das Volk mit dem Anfang der Königszeit aus der "tiefen Gebundenheit dieser archaischen Gläubigkeit heraus zu treten".[8]

An die Stelle des bisherigen Stämmeverbandes, der mit seinem Richter das Leben des Einzelnen ordnete, trat der Großstaat mit dem zentralen Königtum in der Hauptstadt Jerusalem. Bisher hatte der charismatischen Führer, den Heerbann aufgeboten und zum Heiligen Krieg gerufen. Durch sein Handeln hindurch erlebte man unmittelbar die Führung und den Schutz Gottes. Jetzt schützte der König mit seinem vor allem aus Söldnern bestehenden Heer das Volk vor seinen Feinden. Unter seinem Schutz wusste man sich sicher und geborgen.

Allerdings verstand auch David seine Kriege als Jahwekriege. Neu aber war die Konzentration der Macht in der Gestalt des Königs. Sie bekam sehr bald – ähnlich wie bei den ägyptischen Königen – eine göttliche Legitimation. So wie die Pharaonen wurde der König im Heiligtum des Tempels gekrönt. Hier erhielt er die Herrschaftsbeauftragung von Gott und somit die "Legitimation des Königs als eines Herrschers im Auftrage Gottes".[9] Entsprechend dem ägyptischen Königsprotokoll preist Psalm 2 den König als "Sohn Gottes": "Kundtun will ich den Ratschluss des Herrn. Er hat zu mir gesagt: `Du bist mein Sohn, heute habe ich dich gezeugt. Bitte mich, so will ich dir Völker zum Erbe geben und der Welt Enden zum Eigentum. Du sollst sie mit einem eisernen Zepter zerschlagen, wie Töpfe sollst du sie zerschmettern.'"

Allerdings wurde die Gottessohnschaft des Königs in Israel nicht physisch-mythisch wie in Ägypten von Geburt an, sondern als Adoption oder Berufung verstanden. Aber ähnlich wie der ägyptische König ist auch der König Israels von Gott dazu beauftragt, sein Volk gegen äußere Feinde zu schützen und

[8] G. v. Rad, a.a.O., S. 46.
[9] G. v. Rad, a.a.O., S. 317.

diese zu vernichten und nach innen als Wohltäter und Hirte sein Volk in Gerechtigkeit und Weisheit zu regieren. Der Bund Jahwes mit seinem Volk präsentierte sich nun im Bund Gottes mit dem König in Jerusalem.

Mit dem Bau des Tempels in Jerusalem unter König Salomo wird ein zentrales Kultzentrum für ganz Israel errichtet und damit der Herrscherkult in der Gestalt des jeweiligen Königs gefestigt. Ähnlich wie im ägyptischen Tempel wurden hier die Opfer des Staates und vor allem des Königs dargebracht.

Um die Verbindung zur alten Tradition des Stämmeverbundes herzustellen und damit das neue Staatsheiligtum zu legitimieren, überführte man die heilige Lade in den Tempel (2. Sam. 6). Die Einbringung der Lade in den Tempel wurde dann als jährlich wiederkehrendes Fest zeremoniell gefeiert. Damit sollten alle Stämme auf den salomonischen Tempel als Heiligtum für ganz Israel ausgerichtet werden.

Neben der Gestalt des Königs als Repräsentant Gottes und dem Tempel als zentralem Heiligtum wurde der Berg Zion in Jerusalem als heiliger Gottesberg verehrt. In den Zionsliedern (Psalm 46,48+76) wird der Berg Zion als Wohnung Gottes besungen: "Wenn auch die Welt unterginge, und die Berge mitten ins Meer sänken ... soll doch die Stadt Gottes fein lustig bleiben mit ihren Brünnlein, da die heiligen Wohnungen des Höchsten sind." "Gott ist bei ihr drinnen, darum wird sie fest bleiben." "Seid stille und erkennt, dass ich Gott bin. Ich will der Höchste sein unter den Heiden, der Höchste auf Erden. Der Herr Zebaoth ist mit uns, der Gott Jakobs ist unser Schutz" (Ps. 46).[10]

---

[10] G. v. Rad (s. a.a.O., S. 55) stellt dar, dass die Zionsüberlieferung ursprünglich auf kanaanäische Vorstellungen zurückgeht und somit in die vorisraelische Zeit der Stadt Jerusalem zurückreicht. Er nimmt an, dass nach der Teilung des Reiches in den Südstaat Juda und in den Nordstaat Israel die Davids- und Zionstradition in Jerusalem und Juda gepflegt wurde, während die Väter- und Exodustradition im Nordreich weiterlebte.

Der Zionsberg wurde ein Symbol für Gott als "fester Burg", als Schutz vor den Feinden und allem Unheil, ein Ort der Geborgenheit bei Gott, der Zuversicht und Stärke und Hilfe in "den großen Nöten, die uns getroffen haben" (Ps. 46,2).

Große Bedeutung gewinnt diese Überlieferung später in den Prophezeiungen Jesajas, als es kein Königtum mehr gab und der Berg Zion zum Symbol der messianischen Hoffnung wurde.

Mit dem Entstehen des Großreiches und dann vor allem mit der Herrschaft des Königs Salomo zog eine "neuer Geist" ein. Eine kulturelle Oberschicht bildete sich heran und mit ihr die Fähigkeit, die Geschichte des Volkes in größeren geschichtlichen Zusammenhängen darzustellen. Wurden bisher die einzelnen geschichtlichen Erinnerungen mündlich oder in kurzen Geschichten oder Bekenntnissen überliefert, entstand nun eine zusammenhängende Darstellung von der Schöpfung über die Erzvätergeschichten, dem Auszug aus Ägypten bis zum davidisch-salomonischen Großreich. [11]

Mit der gesamtgeschichtlichen Darstellung verändert sich der Glaube an Gottes geschichtliches Handeln. Richtete sich der Glaube bis dahin auf Gottes kriegerische Wundertaten, mit denen Gott sein Volk errettet und in das gelobte Land geführt hatte, so zeigt sich nun Gottes Handeln in der Führung einzelner Menschen. Herausragende Bespiele dafür sind die Geschichten von Jakob und Esau und die Josephsgeschichte. Um Jahwes Wirken zu zeigen, braucht es keine Wunder, müssen keine Charismatiker mehr auftreten. Alles ereignet sich "nach ihrer immanenten Gesetzlichkeit".

Von Menschen wird erzählt, die "mit Leidenschaft und Verbissenheit ihr Zwecke verfolgen; und doch bedient sich Jahwe zur Lenkung der Geschichte ihrer Herzen und Beschlüsse."[12] Damit verändern sich das Glaubensverständnis und das Verständnis vom Handeln Gottes. Gottes Handeln verbirgt sich im Handeln normaler, einfacher Menschen. Man könnte sagen:

---

11 G. v. Rad, a.a.O., S. 54ff.

12 G. v. Rad, a.a.O., S. 62.

Gott geht ein in das Menschliche. Er repräsentiert sich nicht nur in der Macht und Größe eines Königs, in äußerer Stärke und Wundern. Sondern seine Führung kommt durch menschliches Handeln, durch menschliche Schwäche und Verschulden hindurch, zum Ziel.

6. Der Gottesglaube in den Psalmen

Die Entwicklung des Glaubens vom Handeln Gottes als Kriegsgott hin zum Handeln Gottes am einzelnen Menschen lässt sich auch in den Psalmen verfolgen.

Ähnlich wie in anderen Religionen gehörte zum Gottesdienst der Lobpreis Israels, der die Heilstaten Gottes vergegenwärtigt und für den Einzelnen erlebbar werden lässt. In den Psalmen fand der Lobpreis seinen weitgespannten Ausdruck.

Ursprünglich wurden die Heilstaten Jahwes besungen. Das *Siegeslied in den Zelten der Gerechten* (2. Mose 15) oder das *Deboralied* (Ri. 5) besingen Gott als Kriegsheld, der die Feinde des Volkes vernichtet. Ähnlich werden in den Psalmen immer wieder Gottes Taten in der Geschichte des Volkes gepriesen.[13]

Später wandelt sich der Lobpreis zu einem "Danklied des Einzelnen". Es geht hier um die Errettung des Einzelnen aus individueller Not. Gott schützt in der Bedrängnis durch Feinde! "Auf Gott will ich hoffen und mich nicht fürchten. ... Was können mir Menschen tun?" (Ps. 56)

Bei Gott ist der Mensch geborgen und wird zum Guten geleitet: „Der Herr ist mein Hirte, mir wird nichts mangeln“ (Ps. 23).

Gegen alle Furcht ist Gott „Licht und Heil“. Der Glaube eröffnet eine immer neue Perspektive und Möglichkeit des Lebens (Ps. 27,1).

Im 139. Psalm wird Gott als der Allgegenwärtige gepriesen: "Von allen Seiten umgibst du mich und hältst deine Hand über mir!"

---

[13] G. v. Rad, a.a.O., S. 354.

Das Heil Gottes wird als diesseitig und letztlich erfahrbar geglaubt. Wer sich zu Gott hält, wird wie ein Baum sein, der an einem Bach gepflanzt ist. Er verdorrt nicht, sondern bringt zu seiner Zeit seine Früchte (Ps. 1).

Jedoch – bei aller Gewissheit – kommt in den Psalmen auch die Anfechtung des Glaubens zum Ausdruck. Zum Glauben gehören die Anfechtung durch Schuld und das Vertrauen in die Vergebung der Schuld (Ps. 103).

Angefochten wird der Glaube durch die Erfahrung des Sterben-Müssens, durch die Erfahrung der Vergänglichkeit alles Geschaffenen. "Wie gar nichts sind alle Menschen, die doch so sicher leben" (Ps. 39). Anders als in der ägyptischen Mythologie kennt Israel keinen Totenkult. Es gibt hier ursprünglich keine ausgeführte Jenseits- oder Gerichtsvorstellung, nach der im Jenseits den Menschen Strafe oder Belohnung für seine Taten erwarten. Angesichts des Sterben-Müssens gilt es, seine Hoffnung auf Gott zu setzen. Er ist "unsere Zuflucht für und für" (Ps. 90). Gott ist der Herr aller Zeit.

In Psalm 73 fragt der Beter, warum es den Gottlosen so gut geht und die Frommen, die nach seinen Geboten leben, so leiden müssen. Ist es wirklich so, dass der Fromme Gutes erfährt, während die Gottlosen wie Spreu vom Winde verweht werden? Aber auch in dieser tiefsten Anfechtung der Gottesferne will sich der Beter am Glauben festhalten: "Dennoch bleibe ich stets an dir, denn du hältst mich bei meiner rechten Hand, du leitest mich nach deinem Rat und nimmst mich endlich in Ehren an. Wenn ich nur dich habe, so frage ich nicht nach Himmel und Erde. Wenn mir gleich Leib und Seele verschmachten, so bist du doch, Gott, allezeit meines Herzens Trost und mein Teil." Gottes Nähe und Hilfe ist nicht greifbar. Sie will in der tiefsten Not und Verlassenheit geglaubt werden. Es ist ein Glaube gegen die Furcht und gegen die Verzweiflung. Der Umschwung von der Klage zum Lob Gottes, der für alle Klagepsalmen charakteristisch ist, will deutlich machen: Gewissheit und Kraft aus dem Glauben an Gott kommen aus dem Vollzug des

Gebets, aus dem Bekenntnis zu Gottes Heil und Hilfe auch in der größten Not.

Insgesamt lässt sich sagen: In den so genannten "Psalmen des Einzelnen" wandelt sich der Gott des Krieges, der sein Volk aus den Händen der Feinde errettet, in den persönlichen Gott, der das Leben des Einzelnen umfängt und leitet.

Aus dem Gott Israels wird der Gott aller Menschen über alle Grenzen hinweg. Daher gehören die Psalmen zum festen Bestand der Gebete auch unserer christlichen Kirche und sind teilweise in unser Liedgut eingegangen.

7. Der Gottesglaube in der Verkündigung der Propheten

Die Propheten Israels traten in einer Zeit auf, in der Israel als Staat – und mit ihm das Königtum – in die Krise geriet. Die erstarkten östlichen Großreiche – zuerst Assyrien im 8. Jh. v. Chr., dann Babylon im 7. Jh. v. Chr. – bedrohten und besiegten schließlich die inzwischen getrennten Teilstaaten Israel und Juda. Sie wurden Teilstaaten der Großmächte und ihnen tributpflichtig. Wo blieb hier Gottes errettendes Handeln?

Die Propheten sahen in dieser geschichtlichen Entwicklung Gottes Strafgericht über die Sünde des Volkes. Israel hatte sich von Gott – von seinen Geboten und seiner Leitung – entfernt. Mit der Bildung eines Königreiches hatte der Staat den Schutz vor Feinden in die eigene Regie genommen. An die Stelle des Vertrauens in den Schutz Jahwes war die Politik getreten, die nach rationalen Gesichtspunkten die Interessen des Landes gegenüber den Nachbarvölkern abwog.[14]

Dazu kam: Um die Beamtenschaft und das Soldatenheer und nicht zuletzt wohl auch die Hofhaltung des Königs zu finanzieren, mussten Steuern erhoben werden. Diese belasteten Bauern und Handwerker schwer. Eine Gesellschaft mit zunehmender sozialer Ungleichheit entstand. Das Volk – so der Vorwurf der Propheten – entfernte sich somit von den Rechtssatzungen Gottes.

---

[14] G. v. Rad, a.a.O., S. 68f.

Und nicht zuletzt: Durch den Kontakt zu den Nachbarvölkern und den kanaanäischen Bevölkerungsgruppen gewann deren Naturglaube auch in Israel an Einfluss.[15]
Inwiefern ist Israel noch als das erwählte Volk Gottes erkennbar?, so in etwa mögen die Frommen im Lande gefragt haben. Die Botschaft der Propheten nimmt diese Bestrebungen um die Reinhaltung des Jahweglaubens auf.

Aber es geht ihnen nicht nur um eine Reform des Jahweglaubens oder seine Reinerhaltung. Sondern radikal und grundsätzlich verkünden sie das Gericht und damit das Ende der bisherigen Geschichte des Volkes und seines Bundes mit Gott. "Die Garantie der Erwählung ist durch Israels Schuld erloschen" (G. v. Rad). In Analogie zum früheren Handeln Jahwes wird nun ein Neues verkündet: ein neuer Exodus, ein neuer Bund, ein neuer David.

Damit hängt zusammen, dass Jahwe wieder der Kriegsgott wird, als der er einst das Volk aus Ägypten befreit und es in das Land geführt hat. So wie Gott einst sein Volk mit starker Hand und unter Zeichen und Wundern gerettet und zum Sieg über seine Feind geführt hat, so wird er nun fürchterlich Gericht halten über das eigene Volk und über die Völker, die Israel nun besiegen und unterdrücken.

Im Einzelnen setzen die Propheten verschiedene Schwerpunkte und nehmen die überlieferte Erwählungstradition unterschiedlich auf.

Der Prophet Amos betont die Rechtsatzungen Jahwes. Er sieht die ungerechten sozialen Verhältnisse in seinem Volk. Die Reichen unterdrücken die Armen. Den Bauern werden hohe Abgaben abverlangt. Die Reichen hintergehen das Recht, indem sie Richter oder Gerichte zu ihren Gunsten bestechen. Daher

---

[15] G. v. Rad, a.a.O., S. 70: "In der Königszeit wurden die alten Jahweübelieferungen durch die ständige Symbiose mit der ehemals kanaanäischen Bevölkerung einer immer stärkeren Synkretisierung ausgesetzt."

die Botschaft des Amos: "Suchet das Gute und nicht das Böse, so wird der Herr, der Gott Zebaoth, bei euch sein. Stellt das Recht auf im Tor. Vielleicht wird Gott gnädig sein denen, die übrig bleiben" (Am. 5,13ff) Und dann die Gerichtsankündigung in V. 18: "Weh denen, die den Tag des Herrn herbeiwünschen. Denn der Tag des Herrn ist Finsternis und nicht Licht!". Wehe den Reichen, die auf "Elfenbein geschmückten Lagern" schlafen und Wein aus kostbaren Schalen trinken, sich aber nicht um "den Schaden Jakobs" kümmern. Sie meinen vom bösen Tag weit weg zu sein. Sie werden denen vorangehen, die gefangen hinweg geführt werden (Kap. 6,3-7).

Die Forderung nach Gerechtigkeit wendet sich gegen einen Gottesdienst, der sich im Opfer- und Festkult erschöpft: "Ich bin eurer Feiertage gram und mag eure Versammlungen nicht. Ich habe kein Gefallen an fetten Dankopfern. Tut weg das Geplärr eurer Lieder; ich mag euer Harfenspiel nicht!" (V. 21). Stattdessen: "Es ströme aber das Recht wie Wasser und die Gerechtigkeit wie ein nie versiegender Bach" (V. 29).

Der Prophet Hosea, der ähnlich wie Amos die letzten Jahre des Nordreiches vor dessen Einnahme durch die Assyrer erlebte, sieht in der Hinwendung zum Baalskult *die* Sünde des Volkes.
Als Zeichen für die Untreue des Volkes gegenüber seinem Gott empfängt der Prophet von Gott den Auftrag, eine Hure zu heiraten und mit ihr Kinder zu zeugen. Israel hat Jahwe verlassen, wie eine untreue Frau – hat sich wie eine Hure dem Baalskult anheim gegeben. Das Gericht Jahwes über die Sünde des Volkes wird sein, wie wenn ein Löwe seine Beute zerreißt und sie davon schleppt. "Und niemand kann sie retten!" (Kap. 5,14).
Der Gerichtspredigt steht die Ankündigung des zukünftigen Heils gegenüber (Kap. 11,8ff): Jahwe wird sein Volk wieder in die Wüste führen, dorthin, wo Gott seine Geschichte mit dem Volk Israel begann; dorthin, wo es keinen Baalskult gab und der Glaube rein und ursprünglich war.

Das erste Jesajabuch (Jesaja 1-39) handelt von der Zeit, als Jerusalem im Jahre 701 v. Chr. durch die Assyrer eingenommen wurde. Ähnlich wie der Prophet Amos fordert Jesaja den Gehorsam gegen Gottes Gebote ein. Nicht das Opfer von Tieren oder das Feiern von Opferfesten gefallen Gott, sondern das Tun des Guten und das Trachten nach Gerechtigkeit. Gott spricht: "Ich bin satt der Brandopfer von Widdern und des Fettes von Mastkälbern und habe kein Gefallen am Blut der Stiere, der Lämmer und Böcke ... Meine Seele ist Feind euren Neumonden und Jahresfesten!" (Kap. 1,11.14). "Lernt Gutes Tun, trachtet nach Recht, helft den Unterdrückten, schafft den Waisen Recht, führt der Witwen Sache!" (V. 17).

Das Besondere der Prophetie des Jesaja ist ihre Verwurzelung in der Tradition des Zion und seines Gesalbten. Gegen alle Bedrohung Jerusalems durch das assyrische Heer wird Jahwe den Zion schützen und seine Feinde schlagen. Wie Jahwe einst in seinen heiligen Kriegen erschienen ist, so wird er auch jetzt als starker Gott herabkommen.

Damit lässt Jesaja die Auffassung von Gottes rettender Tat als eines reinen Wunders, wie sie im "Heiligen Krieg" der Landnahme lebendig war, wieder erstehen.

Das wunderbare Eingreifen Gottes duldet keinen "menschlichen Synergismus". [16]

Mit dieser Heilszusage verbindet sich die Forderung eines Glaubens, der sich allein der Macht Gottes anvertraut. Gegen die Versuche des jüdischen Königs, sich mit Ägypten gegen die Übermacht Assyriens zu verbünden, mahnt der Prophet: "Glaubt ihr nicht, so bleibt ihr nicht!" (Kap. 7,9). Gott spricht: "Wenn ihr umkehrt und stille bliebet, so würde euch geholfen. Durch Stillesein und Hoffen würdet ihr stark sein" (Kap. 30,15).

Neben der Vorstellung von Gottes wunderbarem Eingreifen steht die Verheißung einer neuen Zukunft. Ein Reich der Gerechtigkeit und des Friedens wird kommen. Aus dem Geschlecht Davids, dem *Wurzelstock Isais*, wird ein neuer Spross hervorgehen (Jes 11). Er wird Jerusalem und damit das einstige Reich Davids wieder herstellen. Auf ihm wird der Geist Gottes

---

[16] G. v. Rad, a.a.O., S. 170.

"ruhen", der "Geist des Rates", der "Stärke" und "der Erkenntnis Gottes". Vor allem wird er ein gerechter König sein, der den Armen und Elenden im Lande Gerechtigkeit widerfahren lässt. "Gerechtigkeit wird der Gurt seiner Lenden sein" (V. 5). Er wird keine Kriege mehr führen, sondern unter ihm entsteht ein Reich des Friedens, in dem es keine Gewalt und Unterdrückung mehr gibt. Als Bild für dieses Friedensreich sieht Jesaja das friedliche Zusammenleben der Tiere, von Wolf und Lamm, Panter und Schaf, Kuh und Bär. "Löwen werden Stroh fressen und das Kind wird am Loch der Schlange spielen" (V. 6-8).

Während die Heilsverkündigung nach der Tradition des Heiligen Krieges die wunderbare Rettung und Bewahrung vor seinen Feinden und den Sieg angesichts einer aussichtslosen militärischen Situation verheißt, richtet sich die Verheißung des neuen David an ein besiegtes Volk, an "ein Volk, das im Finstern wandelt" (Jes 9). Die Geburt des neuen David wird wie ein "großes Licht" in der Dunkelheit der Unterdrückung sein. Denn mit dem Kommen dieses neuen Königs wird die Fremdherrschaft ein Ende finden. "Das drückende Joch" wird von der Schulter des Volkes genommen. Die "Stöcke der Treiber" sind zerbrochen, die Stiefel, die "mit Gedröhn einhergehen", und die mit Blut getränkten Mäntel werden verbrannt sein.

Jubel und Freude werden ausbrechen, wie man sich über eine reiche Ernte freut. Die Herrschaft dieses neu geborenen Friedenkönigs wird groß sein und kein Ende finden.

Jesaja wird dieses zukünftige Heil für Jerusalem und das Volk Israel in naher Zeit erwartet haben. Die Erfüllung der Verheißung ist so nicht eingetroffen. Die Wirkungsgeschichte der Verheißung Jesajas aber ist über seine Zeit und letztlich über die Geschichte des Volkes Israel hinaus gegangen als Verheißung eines endzeitlichen Friedens für alle Völker und alle Welt.

Der Prophet Micha lebte ebenfalls in der Zeit der Bedrohung und Eroberung Jerusalems durch die Assyrer. Ähnlich wie Amos und Jesaja sieht er die Sünde des Volkes im Abfall von Gottes Gebot und fordert den rechten Gottesdienst, indem er sich gegen die Opferpraxis seines Volkes wendet. Was gut ist und was Gott fordert, lässt sich kurz und bündig in einem Satz zusammen fassen. „Es ist dir gesagt Mensch, was Gott von dir fordert: Gottes Wort halten, Liebe üben und demütig sein vor deinem Gott!" (Kap. 6,8).

Anders als Jesaja sieht Micha Gott nicht als den, der Jerusalem vor der Zerstörung wunderbar bewahren und die Feinde mit starker Macht besiegen wird. Jerusalem wird zerstört werden. Aber der Berg Zion wird wieder erstehen. Er wird höher sein als alle Berge. Zu ihm werden die Völker ziehen und den Frieden lernen. "Sie werden nicht mehr lernen, Krieg zu führen", sondern werden "Schwerter zu Pflugscharen" und "Spieße zu Sicheln" schmieden. Kein Volk wird mehr gegen das andere das Schwert erheben. "Ein jeder wird unter seinem Weinstock und Feigenbaum wohnen" (Kap. 4,3.4). Der zukünftige Herrscher wird aus der kleinen Stadt Bethlehem kommen (Kap. 5,1). Er "wird der Friede sein" (V. 4).[17]

Der Prophet Jeremia lebte in der Zeit der Bedrohung und Eroberung Jerusalems durch das aufstrebende Großreich Babylon. Jeremia verkündet nicht nur die ihm aufgetragene Botschaft, sondern er erleidet sie. Er leidet darunter, seinem Volk ein grauenvolles Schicksal verkünden zu müssen..

"Wie ist mir so weh! Mein Herz pocht mir im Leibe, und ich habe keine Ruhe; denn ich höre der Posaune Hall, den Lärm der Feldschlacht". "Das ganze Land wird verheert, plötzlich sind meine Hütten und Zelte zerstört" (Kap. 4,19f/ Kap. 10,19f).

Er erleidet die Feindschaft der Oberen des Volkes, die ihm seine Botschaft einbringt. In der so genannten Barucherzählung (Kap. 37-47) erfahren wir Einzelheiten von Jeremias Leidensweg: Wie er u. a. in die Zisterne geworfen wird und dort

---

17 In der Weihnachtsgeschichte des Matthäus wird diese Verheißung auf die Geburt Jesu bezogen. Die Weisen aus dem Morgenland werden nach Bethlehem geschickt, um dort nach dem Kind zu suchen, das ihnen von dem Stern als der zukünftige Friedenskönig angekündigt wurde.

fast verhungert. Wir erfahren, wie der Prophet schließlich nach Ägypten verschleppt wird, wo sich sein Weg verliert.

Jeremia leidet vor allem auch unter der Last und Unbegreiflichkeit seiner Botschaft und damit unter Gott selbst. "Warum währt doch mein Leiden solange und sind meine Wunden so schlimm, dass sie niemand heilen kann? Du (Gott) bist mir geworden wie eine trügerische Quelle, die nicht mehr quellen will" (Kap. 15,18). Gott hat Jeremia "überredet", und er hat sich "überreden lassen", und er ist darüber "zum Spott" geworden. Jeder verlacht ihn. Er will nicht mehr im Namen Gottes reden. Aber dann wurde es "in meinem Herzen wie ein brennendes Feuer, ... dass ich es nicht ertragen konnte." Jeremia kann nicht anders, er muss die ihm aufgetragene Botschaft ausrichten (Kap. 20,7ff).

Er muss seine Unheilsbotschaft auch ausrichten gegen die beschwichtigende Botschaft anderer Propheten. Diese Propheten verkünden: Es wird kein Unheil über das Volk kommen. "Es wird euch wohl ergehen!" Aber das, so Jeremia, sind falsche Propheten, die nicht Gottes Wort, sondern die Träume "ihres Herzens" verkünden (Kap. 23,16ff). Woran lässt sich die Wahrheit des Gotteswortes erkennen? Letztlich wurde die Wahrheit der Vorhersagen Jeremias durch die Ereignisse bestätigt. Jerusalem wurde durch das babylonische Heer eingenommen. Die Stadt und der Tempel wurden zerstört.

Als Heilszusage verkündet Jeremia nicht den wunderbaren Sieg Jahwes, den es im "Stille halten" und "Hoffen" zu glauben und zu erwarten gilt (Jesaja). Sondern in seinem Brief an die in Babylon Verbannten sieht er das Heil sehr nüchtern zunächst darin, sich dort einzuleben. "Baut Häuser und wohnt darin, pflanzt Gärten und esst ihre Früchte ... Suchet der Stadt Bestes, wohin ich euch weg geführt habe, und betet für sie zum Herrn; denn wenn es ihr wohl geht, wird es auch euch wohlgehen" (Kap. 29,4ff).

Jeremia sieht auch, dass die Verbannten eines Tages zurückkehren können und Jerusalem wieder aufgebaut wird. Die Knechtschaft wird enden, und das Leben wird sich normalisieren (Kap. 30/31). Gott hat für sein Volk Gedanken des Friedens, nicht des Leids. Der Glaube an ihn gibt Zukunft und Hoffnung (Kap. 29,10ff).

Auch Jeremia verheißt das Kommen eines neuen David. Gegen die "bösen ungerechten Hirten" der Gegenwart verkündet er: Gott wird aus dem Geschlecht Davids "einen gerechten Spross erwecken". Er wird Recht und Gerechtigkeit im Lande üben. Juda und Israel werden unter seiner Herrschaft sicher wohnen. Sein Name wird sein "der Herr, unsere Gerechtigkeit" (Kap. 23,4ff).

Das grundsätzlich Neue aber wird dies sein: Gott will mit seinem Volk einen "neuen Bund" schließen (Kap. 31,31ff). Er will seinem Volk das Gesetz "in ihr Herz geben und in ihren Sinn schreiben", so dass niemand mehr den andern belehren muss. Jeder wird von sich aus erkennen, was es heißt, zu Gott zu gehören, sein Volk zu sein.

Der Prophet Hesekiel, kam mit den ersten Deportierten nach Babylon und erfuhr dort seine Berufung.

Seine Heilszusage richtet sich an die Verbannten in Babylon. Das Besondere ist ihre seelsorgerliche Ausrichtung. Der einzelne Mensch mit seiner Schuld und Schwäche kommt in den Blick. Das Sprichwort: "Weil die Väter saure Trauben gegessen haben, haben die Kinder stumpfe Zähne bekommen", soll nicht gelten. „Der Sohn soll nicht tragen die Schuld des Vaters ..., sondern die Gerechtigkeit soll ihm allein zu gute kommen, und die Ungerechtigkeit soll auf ihm allein liegen" (Hes. 18,20). Jedem gilt die Zusage: Gott hat kein Wohlgefallen am Tod des Gottlosen, sondern daran, dass der Mensch umkehrt und am Leben bleibt (Hes. 18,23/33,11).

Ähnlich wie Jeremia sieht Hesekiel den Grund für die Sünde des Volkes in seiner Unfähigkeit zum Gehorsam. Daher verkündet auch er – vergleichbar dem "neuen Bund", wie ihn Jeremia ankündigt – , dass Gott dem Volk "ein neues Herz" und "einen neuen Geist" geben wird, wenn er es wieder in sein Land führen wird. Gott will das Volk zu Menschen machen, "die in meinen Geboten wandeln und meine Rechte halten und danach tun" (Hes. 36,26 f).

Das Zweite Jesajabuch (Jes. 40-55) will eine Trostbotschaft für die Verbannten in Babylon sein. Seine Botschaft entstand angesichts abermaliger geschichtlicher Veränderungen. Das Babylonische Großreich wird von der aufstrebenden Macht der Perser bedroht und schließlich durch den persischen König Kyros besiegt. Die im babylonischen Großreich unterdrückten Völker können auf Befreiung – auf ein Ende der Knechtschaft – hoffen.

Auf diesem Hintergrund verkündet der Prophet die baldige Rückkehr der Verbannten Israels in ihr Land. Die Knechtschaft Israels wird ein Ende haben, und seine Schuld ist vergeben.

Jahwe hat sich den persischen König Kyros zum Werkzeug erwählt (Kap. 44,24ff). Er wird Gottes Willen vollenden und zu Jerusalem sagen: "Werde wieder gebaut!" Und zum Tempel: „Werde gegründet!"

Die Rückkehr des Volkes wird wunderbar geschehen. So wie Jahwe das Volk in seiner Frühzeit mit Zeichen und Wundern in das "gelobte Land" geführt hat, so wird es wieder einen Exodus voller Wunder geben, wobei der neue Exodus den alten an Wunderbarkeit noch übertreffen wird.[18] In der Wüste wird eine ebene Bahn bereitet, auf der das Volk heimziehen kann. Alle Täler sollen erhöht und die Berge erniedrigt werden, und die Herrlichkeit Gottes soll offenbar werden. Gott "kommt gewaltig, und sein Arm wird herrschen" (Kap. 40,3ff). Wie in der Anfangszeit wird Gott wieder als "Held" als "Kriegsmann" ausziehen. "Laut erhebt er das Kampfgeschrei und zieht wie ein Held gegen seine Feinde" (Kap. 42,13). Den Müden gibt Gott Kraft, "dass sie auffahren mit Flügeln wie Adler, dass sie laufen und nicht matt werden, dass sie wandern und nicht müde werden" (Kap. 40,29-31).

---

[18] G. v. Rad a.a.O., Bd. II, S. 260. Dazu bemerkt v. Rad, dass die Rückkehr des Volkes sich in Wirklichkeit mühsam und unspektakulär vollzog. In der weiteren Geschichte wird sie nicht als Heilsereignis oder als Wundertat Gottes gefeiert.

Aber anders als in der Frühzeit ist Gott diesmal der universelle Gott aller Völker. Israel soll ein Zeichen für die Völker insgesamt werden, damit sie sich von ihrem Götzendienst zum wahren Gott bekehren.

In merkwürdigem Kontrast zum Überschwang der Freudenbotschaft, die die baldige und wunderbare Heimkehr des Volkes verkündet und die Macht und Stärke Gottes als die eines Kriegsmannes preist, stehen die sog. "Lieder vom leidenden Gottesknecht" (Kap. 42,1-4, 50,4-11 + 53). Hier wird der von Gott auserwählte "Knecht" angekündigt. Gott hat ihn mit seinem Geist begabt. "Er wird das Recht unter die Heiden bringen". "Das geknickte Rohr wird er nicht zerbrechen und den glimmenden Docht nicht auslöschen." Er wird sich der Schwachen, der Blinden und Gefangenen annehmen (Kap. 42,1-7). Er weiß mit den Müden zur rechten Zeit zu reden. Er ist nicht der starke Held, sondern ein leidender Mensch, der im Gehorsam gegen Gott sich schlagen und bespucken lässt (Kap. 50,4ff). Er ist der Allerverachtetste und Unwerteste – voller Schmerzen und Krankheit (Kap. 53,3). Und dann heißt es weiter: "Er trug unsere Krankheit und lud auf sich unsere Schmerzen". Sein Leiden geschieht stellvertretend für die Menschen. "Um unserer Missetaten wurde er verwundet und um unserer Sünde willen zerschlagen. Die Strafe liegt auf ihm, auf dass wir Frieden hätten, und durch seine Wunden sind wir geheilt" (V. 4-5).

Wer ist dieser Knecht? Welche Bedeutung kommt dieser Leidensgestalt im Zusammenhang der Ankündigung von Gottes Heilshandeln zu?

Bringt sich hier der Prophet mit seiner eigenen Leidenserfahrung selbst zur Sprache? G. v. Rad vermutet, dass hier das kollektive Israel gemeint sein könnte. Israels Existenz vor Gott habe sich im Gottesknecht "zur exemplarischen Gestalt verdichtet".[19] Nur wie passen diese Leidensaussagen in die frohe Botschaft von der Rückkehr des Volkes? Könnte sich hier andeuten, dass der Weg des Volkes weiterhin ein Leidensweg sein wird? – dass Gottes Heil sich letztlich im Leiden eines

---

19 G. v. Rad, a.a.O., S. 27.

Menschen verbirgt, der sein Leben zum Opfer für andere einsetzt? Die christliche Verkündigung sieht im leidenden Gottesknecht eine Weissagung auf das Kommen Jesu Christi.

Im Alten Testament kommt außerhalb der Prophetie des Deuterojesaja die Gestalt des leidenden Gottesknechtes nicht vor. Sie wird von den späteren Propheten nicht wieder aufgenommen.

Die Propheten der nachexilischen Zeit – Tritojesaja, Haggai, Sacharia, Maleachi, Joel – setzen die Verkündigung der Propheten vor ihnen in etwa fort. Allerdings haben sich die Zeitumstände geändert. An die Stelle der großen Not – der drohenden Gefahr aus dem Norden durch die Großmächte Assyrien und Babylon und später der Babylonischen Gefangenschaft – sind die kleinen Nöte des Lebens der nun wieder Zurückgekehrten getreten. Dabei wird die Heimkehr der Deportierten, die ohne Zeichen und Wunder geschah, nicht als ein besonderes Heilsereignis erinnert.

Die Verkündigung dieser Propheten ist stark seelsorgerlich auf die alltäglichen Nöte bezogen. Gott wohnt bei denen, "die zerschlagenen und demütigen Geistes sind, auf dass ich erquicke den Geist der Gedemütigten und das Herz der Zerschlagenen" (Jes. 57,15).

Wie die Propheten vorher prangern auch die nachexilischen Propheten die sozialen Missstände an. Soziale Barmherzigkeit ist wichtiger als der kultische Betrieb. "Brich dem Hungrigen dein Brot, und die im Elend ohne Obdach sind, führe in dein Haus. Wenn du einen nackt siehst, so kleide ihn und entziehe dich nicht deinem Fleisch und Blut. Dann wird dein Licht hervorbrechen wie die Morgenröte, und deine Heilung wird schnell voranschreiten" (Jes. 58,7f).

Auch in der nachexilischen Zeit wird dem Volk Gottes Strafgericht angekündigt. Aber diese Gerichtspredigt verbindet sich nicht mit einer konkreten geschichtlichen Bedrohung. Es heißt nur allgemein: Gottes Gerichtstag wird kommen.

Die Ankündigung des göttlichen Heils verbindet sich auch hier mit einem vom Geist Gottes begabten und bewegten Erlöser. Er ist gesandt, den Elenden gute Botschaft zu bringen, die zerbrochenen Herzen zu verbinden und die Gefangenen zu befreien (Jes. 61,1f). Letztlich wird Gottes Herrlichkeit am Berg Zion erscheinen und ein Zeichen für die Völker sein. Sie werden zum Zion – zum Licht – ziehen. Denn "Finsternis bedeckt das Erdreich und Dunkel die Völker, aber über dir (dem Zion) geht auf der Herr, und seine Herrlichkeit erscheint über dir! Und die Heiden werden zu deinem Licht ziehen und die Könige zum Glanz, der über dir aufgeht" (Jes. 60,2f).

Das Besondere der exilischen und nachexilischen Zeit kann darin gesehen werden, dass sich der Glaube universal öffnet. Gott ist nicht mehr nur der Volksgott, der Gott Israels, sondern er wird nun der Gott der ganzen Welt und aller Völker. In besonderer Weise gewinnt dieser universale Gottesglaube seinen Ausdruck im Schöpfungsbericht der Priesterschrift (1. Mose 1), die im babylonischen Exil entstanden ist, in einer Zeit, als Israel seine staatliche Existenz verloren hatte. Gott ist hier der Schöpfer der ganzen Welt. Der Mensch allgemein – nicht ein besonderes Volk – wird zum „Ebenbild Gottes" geschaffen. Jeder Mensch empfängt damit die Würde, an Gottes Stelle die Erde zu verwalten. Gottes-Dienst ist hier Dienst an der Welt im Gehorsam und im Geist des göttlichen Gebotes.

8. Die Hinwendung zum Tempelkult

So sehr die Prophetie des Tritojesaja mit seiner Verkündigung des Zion als Licht für alle Völker noch in der Tradition und Weite des Deuterojesaja steht, so sehr verengt sich der Gottesglaube in der Prophetie eines Haggai. Gottes Kommen wird hier verknüpft mit dem Wiederaufbau des Tempels (s. G. v. Rad, S. 294f).

Der geschichtliche Hintergrund seiner Prophetie ist das sog. "Kyrosedikt". Anders als die Babylonischen Herrscher, die den unterworfenen Völkern den eigenen Staatskult aufzwangen, war den persischen Herrschern daran gelegen, den Kult der unterworfenen Völker zu achten und zu fördern, um sie auf diese Weise für sich zu gewinnen. Im Zuge dieser Politik befahl der persische Herrscher Kyros im Jahr 538 v. Chr., den Tempel in Jerusalem wieder auf zu bauen. Die wirtschaftliche Lage des Volkes war aber nicht so, dass man mit Begeisterung ans Werk ging. Der Wiederaufbau des Tempels ließ auf sich warten. Hier setzte die Botschaft des Haggai ein, in der er auf den Wiederaufbau des Tempels drängte. Dass es dem Volk wirtschaftlich schlecht ging, sei als Strafe für die Verweigerung des Tempelbaus zu sehen (Hag. Kap 1). Unter dem Statthalter Serubabel, einem Nachkommen Davids, wird dann schließlich der Tempel etwa 20 Jahre nach dem Kyrosedikt wieder aufgebaut. Die Herrlichkeit des neuen Tempels sollte größer werden als die des ersten. Gottes Frieden sollte in diese Stätte einziehen (Kap. 2,9). Serubabel wird deshalb von den Propheten Haggai und Sacharia als "Gesalbter Gottes", ja als "Siegelring" Gottes gepriesen.

Damit verengte sich der Glaube auf das Heiligtum des Tempels und die Beachtung der kultischen Gebote und Gesetze. Dazu gehörte auch die Frage, wer sich am Bau des Tempels beteiligen darf. Dürfen "unheilige" Menschen den Tempel bauen? (Kap. 2,10ff). Unter dem Statthalter Nehemia wurden weitere kultische Gesetze erlassen bzw. verschärft.

Alle Fremdstämmigen wurden aus der Kultusgemeinde ausgeschlossen. Geradezu grausam wirkte sich sein Rigorismus aus. Als Gebot Gottes setzte Nehemia durch, dass Männer ihre fremdstämmigen Frauen mit ihren Kindern aus der Ehe zu entlassen hatten. Was geschah mit diesen Frauen und Kindern? (Neh. 13,1-3.23-28). Wichtig wurden nun auch die Abgaben, die für den Kult zu leisten waren und die strenge Einhaltung der Sabbatruhe (Neh. 13,15-23).

Unter dem Priester Esra, der zugleich vom König entsandter persischer Staatsbeamter war, wurde ebenfalls in der Mischehenfrage scharf durchgegriffen (G. v. Rad. Bd. I, S. 97). Eine Besonderheit seiner Wirksamkeit war die Verlesung der Tora (des Gesetzes Gottes) im Zusammenhang mit dem Neujahrsfest (Esr. 4,18).

Damit wird etwas grundsätzlich Neues auf den Plan gerufen. Es entsteht das, was man heute als "Judentum" bezeichnet (G. v. Rad, S. 97).

9. Die Apokalyptik

Wohl unter persischem Einfluss bildete sich etwa im 3. Jahrhundert v. Chr. in Israel die Apokalyptik heraus.

War die Verheißung und Hoffnung in der Verkündigung der Propheten bisher auf eine innerweltliche Zukunft gerichtet – auf eine Erneuerung des Volkes und auf einen Frieden, den Gott in naher Zukunft bringen würde – , so richtet die Apokalyptik, zu der das Buch Daniel gehört, den Blick auf das Ende der Welt. Diese Welt und Zeit ist eine Zeit der Bedrängnis und der Trübsal. Die herrschenden Völker dieser Welt sind Raubtieren vergleichbar, die kommen und vergehen (Dan. 7-12).

Am Ende der Zeit wird der "Menschensohn" auf den "Wolken des Himmels" erscheinen. Dann wird diese Welt voller Gewalt und Unrecht dem Gericht Gottes verfallen. Dem "Menschensohn" aber wird die Macht über alle Reiche gegeben. "Seine Macht ist ewig und sein Reich hat kein Ende" (Dan. 7,27).

Die Entstehung der apokalyptischen Weltsicht fällt zusammen mit dem Erlöschen der prophetischen Hoffnung, wonach Gott die Geschichte des Volkes leitet und wirkt und sie schließlich in ein Reich der Gerechtigkeit und des Friedens einmünden lässt. Der Gottesglaube wird, wie G. v. Rad betont, ein "geschichtsloser Glaube". Man könnte sagen: Gott entfernt sich aus der Welt. Er überlässt sie den bösen gewalttätigen Mächten, um am Ende der Zeit Gericht zu halten und einen "neuen Himmel und eine neue Erde" zu schaffen. Man könnte es auch so deuten: Die Gewalt und Ungerechtigkeit wird als so übermächtig erfahren und die alltäglichen Verhältnisse als so unveränderbar und trostlos, dass der Glaube auf keine Besserung mehr hoffen kann.

Hoffen kann der Glaubende nur, im künftigen Reich Gottes zu der Erwählten und Erlösten zu gehören.

III. Gottesglaube in der Zeit Jesu

1. Das Judentum in der Zeit Jesu[20]

Das Judentum in der Zeit Jesu kann als Fortsetzung und Ausprägung des Gottesglaubens aus der Spätzeit des alttestamentlichen Judentums verstanden werden.

Der Glaube an Gott war eingebunden in eine strenge Gesetzlichkeit, in die genaue wortgetreue Beachtung der Gebote und Gesetze der Tora. Diese Gesetzlichkeit regelte das gesamte Leben mit seinen alltäglichen Abläufen und Aufgaben. Aus den Geboten des AT, die sich noch als Rahmenvorschriften verstehen lassen, wurde eine Summe zum Teil komplizierter Detailvorschriften.

Zu den Frommen, die die Gebote in dieser Gesetzlichkeit mit besonderem Ernst befolgten, gehörten neben anderen strenggläubigen Gruppen – wie Sadduzäer, Essener und Zeloten – auch die Pharisäer. Sie setzten sich ab von den "Sündern", die sich dieser Mühe der strengen Gesetzlichkeit nicht unterziehen wollten oder konnten. Als "Sünder" verlor man seinen religiösen Ruf und damit auch seine Achtung in der Gesellschaft.

In den Bereich der Gesetzlichkeit gehörte insbesondere die strenge Befolgung kultischer Vorschriften. Im Vordergrund stand hier die unbedingte Einhaltung der Sabbatruhe und der Verzicht auf jegliche Arbeit an diesem Feiertag, wobei genau geregelt war, was an Tätigkeiten, die auch am Sabbat nicht zu umgehen waren, getan werden durfte und wie sie zu tun waren.

Dann gab es die festen Gebetszeiten am Morgen, zur Mittagszeit und am Abend. Hierfür wurden festgesetzte alttestamentliche Schriftstücke als Gebete rezitiert. Verbunden mit der Gebetspflicht war das Fasten, das am Montag und Donnerstag nach bestimmten Regeln praktiziert wurde.

Nicht zuletzt regelten die Reinheitsgesetze das Leben der frommen Juden. Danach galten bestimmte Tierarten als unrein. Durch Blut oder das Berühren einer Leiche glaubte man

[20] U.a. habe ich hier Herbert Brauns Jesusbuch verwendet.

sich verunreinigt. Vor allem aber ging es in den Reinheitsgesetzen um das "koschere" Essen und Trinken. Die Speisen unterlagen also genauen Reinheitsvorschriften. Und auch die Art und Weise ihrer Zubereitung und der Vorbereitung auf das Essen (das Waschen der Hände z.B.) geschah nach solchen rituellen Vorschriften.

Neben der Gesetzlichkeit prägte und bestimmte die Enderwartung der Apokalyptik den Glauben der Frommen in der Zeit Jesu.

2. Die Essener

Die Verbindung von Gesetzestreue und apokalyptischer Endzeiterwartung bestimmte im Besonderen die Gemeinschaft der "Essener", einer Art Mönchsorden. Gegründet wurde sie in der Zeit um 150 v. Chr. Etwa 4.000 Ordensmitglieder gehörten der Essenischen Gemeinschaft an, die an verschiedenen Orten nach festen Regeln und Gesetzen zusammenlebten.

Die Gründung des Ordens durch den sog. "Lehrer der Gerechtigkeit" geht zurück auf eine Auseinandersetzung, die innerhalb der jüdischen Priesterschaft um den wahren Toragehorsam ausgetragen wurde. Der "Lehrer der Gerechtigkeit", selbst Priester, verurteilte die damalige Priesterschaft als "Frevelpriester". Er sammelte Anhänger, um mit ihnen in strengster Gesetzeserfüllung dem herannahenden Weltgericht und Weltende entgegen zu leben. In Erfüllung der Verheißung, wonach Gott sein Volk durch die Wüste in das Heilige Land zurückführt (Jes. 40,3), zogen sich die Essener in die Wüste zurück, um hier in der Abgeschiedenheit ganz dem Gehorsam gegenüber den Geboten Gottes zu leben.

Die Essener verstanden sich als Gemeinde des "erneuerten Gottesbundes". Denn das Volk Israel habe durch seinen Ungehorsam den Bund mit Gott verlassen. Nicht mehr die leibliche Abrahamskindschaft begründe deshalb die Teilhabe am Heil Gottes, sondern allein die Zugehörigkeit zur Heilsgemeinde als dem "Heiligen Rest".

Alle andern Menschen – auch die Juden – galten als Frevler und Gottlose, die für die Verdammnis im Endgericht bestimmt waren. Unter dem Einfluss persischer dualistischer Anschauungen sahen die Essener die Welt durch den Gegensatz von Gott und Teufel (Belial), durch Licht und Finsternis, bestimmt. Die Welt galt als Finsternis, der Herrschaft des "Teufels" anheim gegeben. Am Ende werde sie im Weltenbrand vernichtet. Eine neue Welt des Lichtes werde entstehen, und die "Söhne des Lichtes" nähmen teil an dieser Welt in einem Leben ewiger Freude.

Um sich von den Sünden zu reinigen, vollzogen die Essener den Ritus des "Tauchbades" – eine ursprüngliche Kulthandlung der Priester, die sich durch ein Tauchbad für ihren Dienst im Tempel reinigten.

Dazu kam das "Kultmahl", die tägliche gemeinsam eingenommene Hauptmahlzeit der Gemeinschaft. Es entstammt ebenfalls dem Ritus der jüdischen Priesterschaft, der nach dem Opferdienst im Tempel ein Mahl von den Opfertieren vorsah.[21]

Das gemeinsame tägliche Kultmahl mag auch Ausdruck der Gütergemeinschaft gewesen sein. Ähnlich wie in den späteren Mönchsorden verzichtete man mit dem Eintritt in die essenische Gemeinschaft auf privates Eigentum. Geld und Reichtum gehörten in das Reich des Bösen, in den Bereich der zur Vernichtung bestimmten Welt.

3. Johannes der Täufer

In der heutigen Forschung wird angenommen, dass Johannes der Täufer ursprünglich der Essenischen Gemeinschaft angehörte oder zumindest stark von dieser Bewegung beeinflusst war.

Auch für ihn war die Wüste der Ort der Verheißung und Gottesnähe. Mit dem Hinweis auf Jesaja 40,3 versteht er sich als "Stimme in der Wüste", die aufruft: "Bereitet dem Herrn den Weg und macht eben seine Steige" (Mt. 3,3 par). Auch verzich-

---

[21] Bemerkenswert ist, dass die rituellen Handlungen des Tauchbades und des Kultmahles als Vorläufer der christlichen Taufe und des Abendmahls gesehen werden können.

tete Johannes auf jede Form von Reichtum, indem er sich – wie die Evangelien berichten – von Heuschrecken und wildem Honig ernährte. Ähnlich wie die Essener glaubte er an das nahe Endgericht, an den Untergang dieser Welt im Feuer des Weltenbrandes. In diesem Gericht würde Gott die Menschen allein nach ihren Taten richten. Niemand könne sich dann auf seine Abrahamskindschaft berufen. "Wer hat euch gewiss gemacht, dass ihr dem künftigen Zorn entrinnen werdet. Seht zu, bringt rechtschaffene Frucht der Buße!" (Mt. 3,7f).

Von den Essenern übernahm Johannes vermutlich auch den Ritus des Tauchbades als "Taufe".

Aber anders als die Essener sammelte Johannes keine Gemeinde um sich, in der dieser Ritus ausschließlich der Reinigung der Gemeindeglieder diente. Sondern alle wurden getauft, die sich von der Predigt des Täufers zur Buße, zur Umkehr bewegen ließen. Ausdrücklich heißt es bei Matthäus, dass die Stadt Jerusalem und Menschen aus ganz Judäa und den Ländern um den Jordan zu Johannes hinaus kamen (Mt. 3,5). Und als die "Menge" ihn fragte, was sie tun solle, antwortete er mit dem Hinweis auf einfache, einleuchtende Gebote: *Wer viel besitzt, soll denen etwas abgeben, die nichts haben. Die Zöllner sollen an Zoll nicht mehr verlangen, als vorgeschrieben. Die Soldaten sollen niemandem Gewalt oder Unrecht antun.*

Es geht Johannes also nicht um die wortgetreue Erfüllung gesetzlicher Vorschriften, auch nicht darum, sich in einem weltabgewandten Leben selbst zu "heiligen". Sondern jeder soll sein Leben so führen, dass er damit auch seinem Mitmenschen nützt. Die Taufe wird hier als das Zeichen dieser Umkehr und des Neubeginns verstanden. Gleichzeitig ist sie Zeichen der Sündenvergebung. Wer getauft ist, wird vor Gott im Endgericht bestehen. Die Nähe und der Schrecken des Endgerichts allerdings werden drastisch herausgestellt.

Johannes weist hin auf den, der nach ihm kommen wird. "Er hat seine Worfschaufel in der Hand; er wird die Tenne fegen und seinen Weizen in die Scheune sammeln; aber die Spreu wird er verbrennen mit unauslöschlichem Feuer" (Mt. 3,12).

4. Gottesglaube in der Person und Verkündigung Jesu

Es soll hier vorrangig darum gehen, wie die Verkündigung Jesu im Kontext des späten Judentums zu sehen ist.

Das Erste, was im Markusevangelium von Jesus berichtet wird, ist seine Taufe im Jordan durch Johannes den Täufer. Daraus lässt sich schließen, dass Jesus dem Täufer nahe gestanden, wenn nicht sogar ursprünglich zu seinen Jüngern gehört hat, und dass damit sein Gottesglaube durch die Verkündigung des Johannes beeinflusst war.

Auch Jesus verkündet die Nähe des Reiches Gottes. Auch ihm geht es nicht darum, sich mit seinen Anhängern von der Welt der "Sünder" abzugrenzen. Sondern ähnlich wie Johannes wendet sich seine Verkündigung an alle und besonders an die, die von den "Frommen" seiner Zeit als "Sünder" oder "Unreine" verachtet und ausgeschlossen wurden.

Nicht auf die buchstabengetreue Beachtung der Gesetze und Reinheitsvorschriften richten sich Jesu Forderungen, sondern ähnlich wie bei Johannes auf das, was Menschen, was dem Zusammenleben und dem Frieden dient. Darin knüpft Jesus auch an die Verkündigung der Propheten an, die immer wieder die Gerechtigkeit für die Armen und Schwachen – in der Abgrenzung zum Tempelkult – einforderten.

Der entscheidende Unterschied zur Verkündigung der Propheten und zu Johannes dem Täufer besteht in der Art und Weise, wie Jesus die "Nähe des Reiches Gottes" versteht und lebt. Wenn auch nach den Berichten der Evangelien an verschiedenen Stellen die apokalyptische Ankündigung dieser "Nähe" Gottes überliefert ist, trifft sie doch nicht den Kern seiner Botschaft. In ihr wird gerade nicht Gottes Nähe als Drohung des Endgerichtes verkündet, sondern als Ruf und Einladung zur Umkehr in ein erneuertes Leben.

Ein Zeichen für dieses entschieden andere Verständnis ist, dass Jesus eben nicht bei Johannes in der Wüste blieb. Jesus wandte sich ab von Johannes und ging nach Galiläa, in das Land seiner Heimat. Nicht in der Wüste galt es "dem Herrn den Weg zu bereiten", sondern dort wo Menschen leben, wo sie leiden, wo sie lieben und hoffen.

Und das "Reich Gottes" – seine Gerechtigkeit und sein Friede – wird auch nicht als Wiederherstellung des "Reiches Davids" in politischem Sinne angesagt, sondern es verkörpert sich "jetzt" in der Person Jesu, in seinen Taten und Worten. Und es soll sich in denen "verkörpern", die ihm nachfolgen.[22]

Die Adressaten seiner Verkündigung und seines Handelns sind – wie gesagt – Menschen, die als Sünder verrufen, als Arme ausgegrenzt oder als Kranke für unrein erklärt wurden. Ihnen hält Jesus keine Moralpredigt. Sondern "Gottes Reich" kommt zu ihnen, indem Jesus mit ihnen isst und Gemeinschaft hat. Indem er sie annimmt und als Menschen achtet, eröffnet er ihnen die Möglichkeit zur Umkehr. Sie können einsehen, was in ihrem Leben zum Schaden für andere Menschen geschehen war. Sie können die Möglichkeit eines erneuerten Lebens ergreifen (vgl. die Geschichte vom Zöllner Zachäus in Lukas 19). Das Wort "Buße" verbindet sich in der Verkündigung Jesu nicht mit der Vorstellung von "Strafe", sondern bedeutet die "Erneuerung", die "Veränderung des Sinnes".

Oder: "Gottes Reich" kommt zu den Kranken, indem Jesus sie heilt und sie damit aus ihrer Isolation, aus ihrem "Ausgesetzt -Sein" herausholt. Sie sollen wieder "rein", sollen gesund sein, sollen selber gehen, sich bewegen und damit auch selber für sich sorgen können.

Und nicht zuletzt: "Gottes Reich" kommt zu den Frauen, die in der frommen Männergesellschaft als "unrein" ausgegrenzt wurden. Jesus achtet sie in ihrer Würde und nimmt sie auf in seine Gemeinschaft und Jüngerschaft. Er stellt ihre Liebe über die Gesetzesfrömmigkeit der Pharisäer (vgl. die Geschichte von der Salbung durch die "Sünderin", Lk. 7).

Damit verkündet und praktiziert Jesus einen Gottesglauben, der sich grundsätzlich von der Frömmigkeit seiner Zeit – und

---

[22] Siehe dazu Geza Vermes, Jesus der Jude, Neukirchen, S. 262: "Es geht Jesus nicht um eine Theorie über das Göttliche, sondern um die vollkommene Verkörperung Gottes in seiner eigenen Person."

immer wieder auch unserer Zeit! – unterscheidet: Es geht um eine Frömmigkeit, die nicht um ihrer selbst willen geschieht. Nicht darum sollen Gebote befolgt werden, um von Gott belohnt oder vor dem Gericht bewahrt zu werden. Nicht um ein frommes Verdienststreben geht es, sondern um die Hingabe des Lebens im Sinne der Barmherzigkeit, der Gerechtigkeit und des Friedens (vgl. die Seligpreisungen Jesu in Mt. 6). Nicht will Jesus sich selbst und seine Anhänger aus dem Reich des Belial (des Teufels oder der Finsternis) in das Reich des Lichtes hinüber retten und dabei diese Welt den Mächten des Verderbens und des Bösen überlassen. Sondern seine Hingabe an Gott gilt der Veränderung dieser Welt: hin auf Gottes Zukunft – hin auf seine Gerechtigkeit, seinen Frieden und seine Liebe.

Daher ist es auch unsinnig, die Frömmigkeit oder den Gottesgehorsam eines Menschen daran zu messen, ob er die Gebote buchstabengetreu erfüllt. Denn "der Mensch ist nicht um des Sabbat willen (um des Gesetzes willen), sondern der Sabbat (das Gesetz) ist um des Menschen willen gemacht" (Mk. 2, 27). Jedes Gesetz, jede Regel muss sich fragen lassen, ob und inwieweit sie dem Menschen dient und ihm in seinem Zusammenleben mit anderen hilft.

Oder die "Reinheit" eines Menschen vor Gott ist nicht daran zu erkennen, inwieweit ein Mensch sich äußeren Reinheitsregeln unterwirft. Was von außen in den Mensch hineingeht -- was er isst, wird wieder ausgeschieden. Dadurch wird ein Mensch nicht "unrein" vor Gott. "Unrein" wird ein Mensch durch das, was aus seinem Herzen kommt: durch böse Gedanken, Unzucht, Mordlust, Missgunst und Hochmut (Mk. 7,18-23).

Es geht also nicht um ein liberales oder laxes Gesetzesverständnis, sondern um ein "radikales" – es geht um die "Wurzel" oder die Intention eines Gebotes. Diese Radikalität, die Zurückführung eines jeden Gebotes auf seinen ursprünglichen Sinn kommt in den sog. "Antithesen" der Bergpredigt zum Ausdruck (vgl. Mt. 5,17-47). Letztlich ist der Sinn aller Gebote die Liebe, die nicht nur dem "Nächsten", dem Familien- oder

Volksmitglied gilt, sondern auch den Fremden oder "Feind" mit einschließt. Das Gebot der Liebe, wie Jesus es verstand, ist radikal. Es verlangt die Hingabe des ganzen Lebens. Deshalb: *Nicht wer sein Leben für sich erhalten will, wird es gewinnen, sondern wer es um der Liebe willen einsetzt und verliert, wird es gewinnen* (Mt. 10,39 par).

Der Glaube an den Gott der Liebe hat die Preisgabe eigener Sicherheit zur Folge. Dazu gehört, dass Jesu sich aus seinen bisherigen Bindungen an seine Familie und Heimatstadt löste und dies auch von seinen Jüngern forderte. Hier entspricht Jesus dem, was die Essener von den Mitgliedern ihrer Gemeinschaft oder Johannes wohl auch von seinen Jüngern gefordert haben. Denn die Sicherheit, die ein "festes" Zuhause bietet, ist auch verbunden mit festen Wertvorstellungen und Vorurteilen gegenüber dem Fremden. Die Tradition der Familie bindet die Menschen an die Vergangenheit. Gottes Liebe aber eröffnet eine neue Zukunft, in der das Leben noch nicht festgelegt ist. Deshalb: "Wer seine Hand an den Pflug legt und zurückblickt, ist nicht geeignet für Gottes Reich (Zukunft)" (Lk. 9,62).

Zum Streben nach Sicherheit gehört auch der Besitz, die finanzielle Unabhängigkeit. Mit Jesu Worten ist es der "Mammon", dem Menschen dienen, wenn sie Geld und Besitz über alles stellen. Aber: "Man kann nicht Gott und dem Mammon zugleich dienen" (Mt. 6,24). Wer Gott dienen will, muss sich von der Macht des „Mammon", vom Streben nach dem großen Geld, befreien. In radikaler Weise verzichtet Jesus auf jeglichen Besitz und fordert seine Jünger auf, als er sie aussendet, ebenfalls weder Geld mitzunehmen noch anzunehmen. Was sie "umsonst" empfangen haben, sollen sie auch "umsonst" weitergeben. Sie sollen sich der Fürsorge derer überlassen, bei denen sie einkehren (Mt. 10,8-10 par).

Auch in der Forderung, die eigene Sicherheit preiszugeben, scheint Jesus dem entsprochen zu haben, was die Essener dachten und was auch Johannes d. Täufer praktizierte. Jesus unterschied sich aber von ihnen wesentlich darin, dass er die

Trennung von Familie und Besitz nicht als Absage an diese Welt oder als Flucht aus ihr verstand.

Für ihn stand im Zentrum seines Denkens und Handelns, das hinter sich zu lassen, was einen hindert, für "Gottes Reich", für seine Zukunft des Friedens, der Gerechtigkeit und der Liebe offen zu sein und dafür einzutreten. Sich nicht um das Morgen zu sorgen, heißt, im Hier und Jetzt Schritte in Gottes Zukunft zu gehen. Oder mit den Worten der Gleichnisse vom Sämann: *Es gilt, darauf zu vertrauen, dass die Saat trotz ungünstiger Bedingungen aufgeht. Der Sämann ist konzentriert auf die Tat des Aussäens und überlässt das Aufwachsen und Gedeihen der Saat bis zur Ernte der Natur* (Mt. 19,1-9).

So gilt es, "jetzt" Schritte des Friedens zu gehen, Versöhnung und Vergebung zu wagen, wo wir dazu herausgefordert werden, und darauf zu vertrauen, dass solche Schritte Frucht bringen, ohne dass wir uns darum sorgen, was für uns selbst dabei herauskommt.

Im Mittelpunkt des Gottesglaubens Jesu steht daher das unbedingte Vertrauen zu Gott als dem Vater.[23] Dieses Vertrauen kommt im Gebet zum Ausdruck, wie es uns im "Vaterunser" in Mt. 6 überliefert ist. Die Bitte um das Kommen des Reiches Gottes ist in ihm nicht an eine apokalyptische Zukunft gerichtet, sondern sie verbindet sich mit der Bitte, dass Gottes Wille "wie im Himmel *auch auf Erden*" geschehe, dass uns hier und heute das "tägliche Brot" gegeben und Schuld vergeben werde.

Gott als "Vater" nimmt Jesus nicht etwa exklusiv für sich in Anspruch, sondern er spricht diese Beziehungsmöglichkeit allen Menschen zu, die sich Gott in seinem Sinne zuwenden. Dem Vatersein Gottes entspricht die "Sohnschaft" des Glaubenden. Dieser Gottesglaube lässt uns als Töchter und Söhne Gottes freie und mitverantwortliche Menschen sein. Wir sollen "vollkommen sein", wie "unser Vater im Himmel vollkommen ist", indem wir Jesu Gebot der Liebe folgen (Mt. 5,44-48). Voll-

---

23 Geza Vermes, a.a.O., S. 264: "Die Schlichtheit und das Vertrauen, die dem Kind Gottes in Jesu Glauben eigen sind, hatte Jesus mit den Propheten gemeinsam."

kommen nicht im Sinne von "perfekt", sondern als "heile" oder "geheilte" Menschen.

IV. Der Glaube in der frühen christlichen Gemeinde

Die christliche Gemeinde, die nach Karfreitag und Ostern entstand, setzte die Verkündigung Jesu nicht einfach fort. Sondern mit der Erfahrung von Kreuz und Auferstehung begann etwas Neues. Die Evangelien berichten, wie Jesu schmachvoller Tod am Kreuz seine Jünger und Anhänger in eine schwere Glaubenskrise führte. Dass es danach, nachdem die Jünger Jesus verlassen hatten und geflohen waren, zur Bildung einer Gemeinde im Namen Jesu Christi kam, ist als Folge der Auferstehung Jesu zu sehen.

Die Evangelien berichten, wie die Erscheinungen des Auferstandenen die Anfechtung überwand, der am Kreuz schmählich hingerichtete Jesus sei ein von Gott verlassener Mensch gewesen. Die Gewissheit entstand, dass Gott mit diesem gekreuzigten Jesus ist und aus dem Tod heraus und durch den Tod hindurch neues Leben erweckt. [24]

Der Glaube der frühen christlichen Gemeinde wird nun ein Glaube an den gekreuzigten und auferstandenen Jesus. In diesem Glauben erhält Jesus die Titel göttlicher Würde und wird entsprechend als „Messias" (Christus) oder als „Gottes Sohn" bezeichnet. Aus Jesus, dem "Verkündiger", wird der "verkündigte" Jesus Christus oder Sohn Gottes.

In der sog. „Pfingstpredigt", die Petrus nach dem Bericht des Lukas in der Apostelgeschichte hält, spiegelt sich dieser Wandel wider und die prägende Kraft des neuen Bekenntnisses auf die Missionspredigt der frühen Gemeinde: "Jesus von Nazareth, der von Gott durch seine Taten, Wunder und Zeichen

---

[24] Der Bedeutung von Kreuz und Auferstehung Jesu bin ich in meinem Buch "Jesus Christus – Provokateur zum Leben" nachgegangen. Hier soll dargestellt werden, wie sich der Glaube an Jesus, wie sich die Botschaft von Jesus als dem Christus und Gottessohn, fortentwickelt hat.

ausgewiesen ist, wurde auf Betreiben der jüdischen Oberen durch die Hand eines Heiden ans Kreuz geschlagen und umgebracht. Den hat Gott auferweckt ... So wisse nun das ganze Haus Israel gewiss, dass Gott diesen Jesus, den ihr gekreuzigt habt, zum Herrn und Christus gemacht hat" (Apg. 1,22ff).

Zu fragen ist, wie das "Herr-Sein" Jesu, seine Messianität oder Gottessohnschaft, nun verstanden wurde.

1. Der provozierende Sinn der Gottessohnschaft Jesu

Zum einen bekommen die Titel „Messias" und „Gottes Sohn", die ursprünglich einen machtvollen Herrscher meinten, einen neuen – provozierenden – Sinn. Gott erscheint nicht in der Gestalt oder an der Seite der Mächtigen und Starken, sondern verbindet sich mit der Machtlosigkeit und Schwachheit des Gekreuzigten. Das Provozierende dieser Botschaft betont der Apostel Paulus im 1. Korintherbrief: "Was schwach ist in der Welt, hat Gott erwählt, um zu beschämen, was stark ist. Und was niedriger Herkunft ist und verachtet wird, was vor der Welt nichts gilt, hat Gott erwählt" (1. Kor. 1,27). Paulus will sich daher lieber seiner Schwachheit rühmen, "damit die Kraft Christi in mir wohne. Denn wenn ich schwach bin, dann bin ich stark" (2. Kor. 12,9f). Damit entspricht Paulus dem, was Jesus selbst gepredigt und gelebt hat, indem er sich den Schwachen, den Sündern und Armen zuwandte und ihnen Gottes Nähe – Gottes Reich – zusprach.

2. Die Kreuzigung Jesu als Sühnopfer

Das Verständnis von Kreuz und Auferstehung Jesu als Gottes Zuwendung zu den "Schwachen" zu verstehen, ist nur die eine Seite des Glaubens und der Verkündigung der frühen christlichen Gemeinde. Stärker und nachhaltiger wurde der Glaube dadurch bestimmt und geprägt, dass man die Kreuzigung Jesus als "Sühnopfer" verstand, das um der Sünden der Menschen willen und zur Erlösung aus dem Verhängnis von Schuld und Strafe erbracht wurde.

In einem frühen Bekenntnis, das Paulus übernommen hat und in 1. Kor. 15 zitiert, heißt es: "Als Erstes habe ich euch weitergegeben, was ich selber empfangen habe: ,Dass Christus gestorben ist für unsere Sünden nach der Schrift ...'" Zu vermuten ist, dass hier die "Lieder vom leidenden Gottesknecht" im Jesajabuch gemeint sind – allerdings wird im Judentum zur Zeit Jesu diese Gestalt des "leidenden Gottesknechtes" nicht mehr erwähnt. Programmatisch – und für die weitere Entwicklung der christlichen Lehre maßgeblich – führt Paulus die Deutung des Todes Jesu als Sühnopfer im Römerbrief aus: Weil es zwischen Juden und Heiden keinen Unterschied gibt – "sie sind allesamt Sünder ...", werden sie ohne Verdienst gerecht aus Gottes Gnade durch die Erlösung, die durch Jesus Christus geschehen ist. Denn: "Ihn hat Gott für den Glauben hingestellt als Sühne in seinem Blut zum Erweis seiner Gerechtigkeit, indem er die die Sünden vergibt" (Röm. 3,23-25)

Paulus zieht die aus dem Judentum herkommende Sühnopfervorstellung heran, um die buchstabengetreue Gesetzesfrömmigkeit des späten Judentums abzuwehren. "So halten wir nun dafür, dass der Mensch gerecht wird ohne des Gesetzes Werke, allein durch den Glauben" (Röm. 3,21).

Paulus ist die Sühnopfervorstellung wichtig, um den Vorrang der Gnade vor dem Gesetz herauszustellen. Es geht ihm um die Erkenntnis, dass Gott „in Jesus Christus" war und der Mensch damit frei wird von „der Knechtschaft des Gesetzes".

Aber diese Deutung des Todes Jesu als Sühnopfer für die Sünden der Menschen widerspricht dem, was Jesus selber verkündet und gelebt hat.

Gott verwandelt sich nach dieser Vorstellung wieder in den richtenden Gott des späten Judentums. Während Jesus Gott als "Liebe" verkündet, die die Verlorenen sucht, und die Umkehr ermöglicht, erscheint Gott hier als unnachgiebiger Richter, vor dem der Mensch mit seinem Leben und Tun keine Chance hat. Damit Gott der "Gerechte" bleibt, bedarf es der Sühne, die Jesus mit seinem Opfertod erbringt.

Und außerdem: Die Vorstellung vom Sühnetod Jesu richtet uns Menschen aus auf das Heil der jenseitigen Welt. In der Gnade, die durch den Sühnetod Jesu eröffnet wird, "rühmen wir uns der zukünftigen Herrlichkeit, die Gott geben wird" (Röm. 5,2).

Dagegen ist in der Verkündigung Jesu das Heil nicht erst in einer jenseitigen Welt zu erwarten, sondern hier und jetzt soll sich "Friede auf Erden" ereignen. Hier und jetzt sind die Jünger, die Nachfolger Jesu berufen, "Licht der Welt" oder "Salz der Erde" zu sein (Mt. 5,13-16)

3. Der „vernünftige Gottesdienst"

Der Verkündigung Jesu entspricht, wie Paulus das Leben und Handeln der Christen auf die Welt ausrichtet. Christen sollen sich im Sinne Jesu einsetzen für das "Gute, Wohlgefällige und Vollkommene", schreibt Paulus an die Christen in Rom. Sie sollen ihre "Leiber" hingeben als "ein Opfer, das lebendig, heilig (heilsam) und Gott wohlgefällig ist." "Das sei euer vernünftiger Gottesdienst" (Röm. 12,1ff).[25] Der Glaube an Jesus Christus soll sich als Dienst an der Welt bewähren. Es geht darum, sich nicht "dieser Welt gleich" zu stellen. Christen sollen anders leben und handeln, als es in der Welt normalerweise geschieht. Sie werden ermahnt, sich zu "verändern", "ihren Sinn zu erneuern".

Wie diese Veränderung oder Erneuerung des Sinnes und damit auch des Handelns im Einzelnen zu konkretisieren ist, führt der Apostel in den folgenden Ermahnungen aus. Es geht um "die Liebe untereinander", um Gastfreundschaft. Es geht

[25] Das Wort "vernünftig" – im Griechischen "logike" heißt so viel wie "wortgemäß", also "dem Worte Gottes gemäß", wobei unser deutsches Wort "vernünftig" auch das nach unserer Vernunft Wahrnehmbare, Verstehbare und Mögliche enthält. Gottes Wort und Gebot ist eingebunden in unser vernünftiges Verstehen. Insofern fordert der Apostel dazu auf, sich nicht blind einem Gesetz zu unterwerfen, sondern zu "prüfen", was der Wille Gottes sei.

darum, nicht das Böse mit Bösem zu vergelten, sich nicht an denen zu orientieren, die "oben" sind, sondern sich "herunter zu den Geringen zu neigen". Und nicht zuletzt sollen Christen nach Möglichkeit mit allen Menschen Frieden halten. Alles Handeln hat sich letztlich am Gebot der Liebe zu orientieren, denn "die Liebe tut dem Nächsten nichts Böses. So ist nun die Liebe die Erfüllung des Gesetzes" (Röm. 13,10).

Dabei gilt es, "fröhlich in Hoffnung", "geduldig in Trübsal" und "beharrlich im Gebet" zu bleiben (Röm. 12,9ff).

Im Sinne dieses "vernünftigen Gottesdienstes" versteht Paulus die Gemeinde als "Leib Christi". Dieses Bild bedeutet, dass Christus als "Herr der Gemeinde" die Seinen durch seinen Geist leitet und inspiriert, und somit die Gemeinde als Christi "Leib" die Gegenwart des erhöhten Herrn repräsentiert. Hier ist es nicht der einzelne Gemeindeleiter, (später) Priester, Pastor, Bischof oder Papst, der hier als Stellvertreter Christi auf Erden zu benennen ist, sondern alle "Glieder" der Gemeinde haben je nach ihren Gaben und Befähigungen Anteil an der Verleiblichung Christi auf Erden. So wie ein menschlicher Leib verschiedene Glieder mit unterschiedlichen Funktionen hat, so ist auch die Gemeinde "Leib Christi", der sich aus verschiedenen Menschen mit verschiedenen Gnadengaben und Aufgaben zusammenfügt (Röm. 12,3-8/1. Kor. 12,12-31).

Alle unterschiedlichen Begabungen aber gründen in der einen "Gnadengabe", die alle eint und verbindet: in der Gabe der "Liebe". Alle Gaben, die nicht in der Liebe gründen, sind nichtig: die prophetische Rede, die tiefste Erkenntnis, der festeste Glaube – auch wenn er Berge versetzen könnte. Wenn alle diese Gaben nicht mit der Liebe verbunden sind, sind sie im Grunde "nichts".

Im so genannten "Hohen Lied der Liebe" preist der Apostel diese "höchste" Gnadengabe (1. Kor 13,4-13). Das griechische Wort "agape", das hier für unser Wort "Liebe" steht, ist zu unterscheiden vom "eros", der erotischen, körperlichen Liebe. Gemeint ist die Zuwendung zum Mitmenschen, die nicht den eigenen Vorteil sucht, die dem anderen seine Würde und Ehre lässt, die sich nicht über andere erhebt, sondern in Langmut die Schwächen des anderen erträgt und das Böse nicht zurechnet. Zusammen mit Glaube und Hoffnung ist die Liebe das, was bleibt, während alles andere, worauf Menschen stolz sind und sich viel einbilden, letztlich vergängliches "Stückwerk" ist. "Nun aber bleiben Glaube, Hoffnung, Liebe, diese drei; aber die Liebe ist die größte unter ihnen" (1. Kor 13,13).

4. Der Glaube als Hoffnung auf die zukünftige, jenseitige Welt

Womit aber hängt zusammen, dass sich das diesseitige Verständnis des Herr-Seins Jesu in der weiteren Verkündigung und Frömmigkeitsgeschichte zunehmend auf das jenseitige Heil ausrichtet?

Zum einen gilt es zu sehen, dass Paulus und die frühe Gemeinde in der Erwartung des baldigen Endes dieser Welt und der Wiederkunft Jesu Christi lebten.

Im 1. Korintherbrief "verrät" Paulus der Gemeinde ein "Geheimnis", nämlich seinen Glauben, dass die Verwandlung sehr nahe bevorsteht. "Plötzlich zur Zeit der letzten Posaune werden die Toten auferstehen, und wir werden verwandelt werden."

Ähnlich schreibt Paulus auch im 1. Thessalonicherbrief (Kap. 4,13-18), wobei er sich auf ein "Wort des Herrn" beruft. Noch zu Lebzeiten "werden wir, die wir leben und übrig bleiben, ... entrückt auf den Wolken in die Luft, dem Herrn entgegen; und so werden wir bei dem Herrn sein allezeit."

Vor diesem Hintergrund ist zu verstehen, dass die Vorstellung vom Sühnopfer, das Jesus mit seinem Tod zur Vergebung der Sünden erbracht hat, zur beherrschenden Lehre wurde. Als Gemeinde des erhöhten Herrn glaubte man sich erlöst von allen Sünden und somit befreit von der Strafe des Endgerichts. Denn nach wie vor lebte auch die christliche Gemeinde in der apokalyptischen Vorstellung des späten Judentums, wonach das Gericht Gottes über diese Welt nahe bevor stehe. "Der Tag des Herrn wird kommen wie ein Dieb in der Nacht" (1. Thess. 5, 2). Gegen alle Beschwichtigung: "Es ist Friede, es ist keine Gefahr", wird das Verderben die Menschen überfallen – "wie die Wehen einer schwangeren Frau", denen sie nicht entfliehen kann. Für die Gemeinde aber gilt: "Gott hat uns nicht zum Zorn bestimmt, sondern dazu, das Heil zu erlangen durch unsern Herrn Jesus Christus." Sie soll daher unerschütterlich bleiben und im Werk des Herrn wachsen, "weil ihr wisst, dass eure Arbeit nicht vergeblich ist in dem Herrn."

In dieser frühen Phase der Verkündigung waren beide Richtungen des Glaubens miteinander verbunden: der Glaube als Sendung in diese Welt und der Glaube an die Zukunft der Herrlichkeit in der neuen Welt Gottes. "Christus Jesus hat dem Tode die Macht genommen, und das Leben und ein unvergängliches Wesen ans Licht gebracht" (2. Tim. 1,10).

Diese zukünftige Herrlichkeit galt es schon jetzt durch die Gemeinde als "Leib" des Auferstandenen zu verkörpern.

V. Der Einfluss des Hellenismus auf den Glauben des frühen Christentums

Mit der Gründung christlicher Gemeinden in Städten des Mittelmeerraumes geriet die christliche Botschaft unter den Einfluss hellenistischer Religiosität und Weltsicht. In welcher Hinsicht veränderte sich der Glaube der christlichen Gemeinde dadurch ?

1. Die Gnosis

Zum einen war es die so genannte "Gnosis", die auf das frühe Christentum einen starken Einfluss ausübte.[26] Bestimmend für diese Weltsicht ist der Dualismus Licht/Finsternis. Die gegenwärtige Welt der Finsternis wird von bösen widergöttlichen Mächten beherrscht. Sie ist aber umfangen von der Welt des Lichtes, der Welt Gottes. Die Menschen tragen den Funken dieses Lichtes in sich, sind aber darauf angewiesen, dass dieser Funke gleichsam "erweckt" wird, dass sie die "Erkenntnis" (Gnosis) über ihr wahres Wesen, über ihre Zugehörigkeit zur

---

[26] R. Bultmann, Theologie des NT, S. 168-185.

Welt des Lichtes erhalten. Diese Erkenntnis vermittelt der "Gottes Sohn", der vom Himmel kommt – verkleidet in menschlicher Gestalt – um die Menschen aus ihrer Gefangenschaft zu erlösen.

Im Philipperbrief übernimmt Paulus ein frühes Bekenntnis, das den Weg Jesu in diese Welt in der Vorstellung des gnostischen Mythos darstellt (Phil. 2,6-11). Danach war Christus von seinem Ursprung her von göttlicher Gestalt. Er kam auf die Erde und nahm Knechtsgestalt an, wurde den Menschen gleich. Er erniedrigte sich und wurde gehorsam bis zum Tode am Kreuz. Darum hat Gott ihn erhöht und ihm einen Namen gegeben, der über allen Namen ist.

In besonderer Weise verkündet das Johannesevangelium die Gestalt Jesu Christi mit der mythologischen Begrifflichkeit der Gnosis. Im so genannten "Prolog" (Joh. 1,1-17) wird Jesus als der "Logos" (das Wort) bezeugt, der von Anfang an vor aller Welt und Zeit "bei Gott" war. Alle Dinge sind durch ihn gemacht. "In ihm war das Leben, und das Leben war das Licht der Menschen". "Er kam in die Welt, und die Welt ist durch ihn gemacht; aber die Welt erkannte ihn nicht". "Wie viele ihn aber aufnahmen, denen gab er Macht, Gottes Kinder zu werden, denen, die an seinen Namen glauben." Und weiter heißt es im Vers 14: "Und das Wort wurde Fleisch (Mensch) und wohnte unter uns, und wir sahen seine Herrlichkeit als des einzig geborenen Sohnes vom Vater, voller Gnade und Wahrheit."

Die Verkündigung Jesu Christi richtet sich hier an eine Welt, in der sich der Mensch von den Mächten dieser Welt beherrscht und unterdrückt erfuhr. Die Erfahrung von Gewalt, Ungerechtigkeit und materieller Not ließ die Welt als eine dunkle, finstere Welt erscheinen.

Jesus Christus, der Gottessohn, kommt als Licht in diese dunklen Welt. Jesus ist „das Licht der Welt". Wer an ihn glaubt, wer ihm folgt, „wird nicht in der Finsternis leben" (Joh. 8,12).

Oder: "Ich bin in die Welt gekommen als ein Licht, damit, wer an mich glaubt, nicht in der Finsternis bleibe" (Joh. 12,46). Nicht dazu ist Jesus in die Welt gekommen, dass er sie richte, sondern dass er "die Welt rette" (V. 47) Und die Jünger Jesu sollen sich dieser Welt nicht entziehen. Sondern sie sind dazu berufen, ebenfalls Träger dieses Lichtes zu sein. Im so genannten Hohenpriesterlichen Gebet bittet Jesus für seine Jünger: "Ich bitte nicht, dass du (Gott) sie aus der Welt nimmst, sondern dass du sie bewahrst vor dem Bösen". "Wie du mich gesandt hast in die Welt, so sende ich sie auch in die Welt" (Joh. 17,15+18).

Anders als Paulus, der die Heilsbedeutung Jesu als Sühnopfer für die Sünden der Menschen verkündet, sieht Johannes vor dem Hintergrund der gnostischen Mythologie die Heilsbedeutung Jesu darin, dass er das Licht wahren Lebens in die Welt bringt. Dieses Licht ist als Erkenntnis zu verstehen, worin Gott und worin wahres Leben zu finden ist – nämlich darin, dass Gott „ Liebe" ist! „Wer in der Liebe bleibt, der bleibt in Gott und Gott in ihm" (1. Joh. 4,16). Nicht das Opfer Jesu am Kreuz bewirkt das Heil für die Menschen, sondern sein Erscheinen in der Welt, das uns Menschen zu einem wahren Leben in der Liebe erleuchtet.

Die Gefahr der gnostischen Weltsicht bestand darin, dass sie zur Weltflucht verführte. Im "Besitz des Heils", als "Kinder des Lichtes", überlässt man diese böse Welt sich selbst. Ähnlich wie bei den Essenern war die Frömmigkeit darauf ausgerichtet, der "Heilsgemeinde" anzugehören, um damit an der himmlischen Welt Gottes teil zu haben.

Gegen dieses Missverständnis der christlichen Botschaft erinnert Paulus die Gemeinden immer wieder daran, dass es nicht nur darauf ankommt, an Christus als dem Bringer des himmlischen Heils zu glauben, sondern auch "gesinnt zu sein, wie Jesus Christus" (Phil. 2,5).

Vor allem der Epheserbrief nimmt den Dualismus "Licht/ Finsternis" auf, wenn es dort heißt: "Lasst euch von niemandem verführen mit leeren Worten ... Denn ihr wart früher Finsternis; nun aber seid ihr Licht in dem Herrn." Und dann fährt er fort: "Lebt als Kinder des Lichts! Die Frucht des Lichtes ist lauter Güte, Gerechtigkeit und Wahrheit" (Eph. 5,6-14).

2. Das Heil wird jenseitig

Dennoch: Beeinflusst durch die gnostische Mythologie, geht die weitere Geschichte der Verkündigung dahin, dass sich der Blick der Glaubenden nach "oben" in die jenseitige, zukünftige Welt richtet. Aus dem Menschen Jesus von Nazareth, dem Zimmermann, Sohn der Maria und Bruder seiner Geschwister, (Mk. 6,3) wird der vom Himmel gekommene Gottessohn.

Der Titel "Christus", mit dem ursprünglich die Erfüllung der diese Welt erneuernden Messiashoffnung gemeint war, verliert seine Bedeutung und wird ein zusätzlicher Eigenname Jesu. Jesus wird nun der von der "Jungfrau" Maria geborene Gottessohn. Mit seiner Auferstehung kehrt er zurück in die himmlische Welt Gottes. Hier hat er teil an der Herrschaft Gottes. Er "sitzt zur rechten Hand Gottes", von wo aus "er kommen wird, zu richten die Lebenden und die Toten" (wie es später im Apostolischen Glaubensbekenntnis heißen wird).

Für die christliche Gemeinde gilt jetzt vor allem: "Seid ihr nun mit Christus auferstanden, so sucht, was droben ist, wo Christus ist, sitzend zur rechten Hand Gottes. Trachtet nach dem, was droben ist, nicht nach dem, was auf Erden ist. Denn ihr seid gestorben, und euer Leben ist verborgen mit Christus in Gott" (Kol 3,2-3).[27] "Gestorben" sind die Christen ihrem bisherigen Leben. Sie sollen das abtöten oder überwinden, was aus der Sicht des Kolosserbriefes das Leben bisher bestimmt hat: "Unzucht, Unreinheit, böse Begierden, Habsucht, Götzendienst" usw. Als die "Auserwählten Gottes, als die Heiligen und Geliebten" gilt es, den "neuen Menschen anzuziehen", d. h. "herzliches Erbarmen, Freundlichkeit, Demut, Sanftmut, Geduld" (V. 12). Und das alles soll "dem Herrn" getan werden und "nicht den Menschen". Denn vom "Herrn" werden wir als "Lohn" das "Erbe" empfangen. Diese Ermahnung wird mit der

---

[27] Obwohl Kolosserbrief und Epheserbrief eine große Nähe zu Paulus aufweisen, stammen sie wohl nicht von dem Apostel selbst, sondern von Paulusschülern, geschrieben um 70 n. Chr.

Drohung verbunden: "Wer Unrecht tut, der wird empfangen, was er an Unrecht getan hat" (Kol. 3,23-25).

Hatte bisher die Mahnung zum Wandel in einem neuen Leben – zu einem Leben in der Liebe – den Sinn, den auferstandenen Christus in dieser Welt zu verleiblichen und in der Nachfolge Jesu "Licht der Welt" und "Salz der Erde" zu sein, so geht es hier um den Lohn in der himmlischen Herrlichkeit. Um an dem Leben des auferstandenen Herrn teil zu haben, soll der Christ so leben, dass er "des Herrn würdig" ist. Er soll "ihm in allen Stücken zu gefallen suchen" (Kol. 1,10). Der neue Lebenswandel wird die Bedingung für die Erlangung des zukünftigen Heils.

3. Das Verständnis von Taufe und Abendmahl als Sakrament

Der Wandel des Glaubensverständnisses der frühen christlichen Gemeinde durch den Einfluss hellenistischer Mythologie und Frömmigkeit führte auch zu einem veränderten Verständnis von Taufe und Abendmahl.

Von Jesus selbst ist nicht bezeugt, dass er seine Jünger und Jüngerinnen getauft hat. Die Berufung in die Nachfolge war mit keiner rituellen Handlung verbunden. Aber schon in der urchristlichen Gemeinde gab es die Taufe als Ritus zum Eintritt in die Gemeinde.

Zwei Tauftraditionen aus der Zeit des späten Judentums werden für die ursprünglich judenchristliche Gemeinde bestimmend gewesen sein: die Johannestaufe und die Taufpraxis der Essener. Die Taufe wurde vermutlich durch das Untertauchen in einem fließenden Gewässer vollzogen, wie es in der Erzählung von der Bekehrung des Kämmerers aus dem Morgenland durch Philippus in Apg. 8,36ff berichtet wird. Wie die erste Gemeinde die Taufe verstand, wird in Apg. 2 deutlich. Hier – im Anschluss an seine Pfingstpredigt – fordert Petrus dazu auf, sich taufen zu lassen. Sie geschieht "auf den Namen Jesu Christi zur Vergebung der Sünden". Und wer getauft ist, wird "die Gabe des Heiligen Geistes" empfangen. Mit der Taufe ändert der Getaufte seinen Sinn (tut Buße) und beginnt ein neues Leben als Glied der Gemeinde Jesu Christi. In der Apostelgeschichte wird dieses neue Leben im Geist so dargestellt, dass alle, "die gläubig wurden", zusammen lebten und "alle Dinge gemeinsam" hatten. Sie lebten in einer Art von urchristlichem Kommunismus und „verkauften Güter und Habe und teilten sie aus unter alle, je nachdem es einer nötig hatte" (Apg. 2,45).

Mit der Ausbreitung der christlichen Gemeinden in den hellenistischen Bereich hinein änderte sich das Verständnis der Taufe. Sie wurde zu einem Sakrament, zu einer heiligen Handlung, die auf mystische Weise Anteil gibt am Tod und an der Auferstehung Jesus Christi. In diesem Verständnis wirkte sich der Einfluss der hellenistischen Mysterienkulte aus. Dort versammelte sich die Kult-Gemeinde um Kult-Gottheiten wie Attis, Adonis oder Osiris. Durch einen sakramentalen Ritus gewann das Gemeindeglied Anteil am Geschick des Gottes – an seinem Tod und seiner Auferstehung.

In seinem Brief an die Römer (Kap. 6) knüpft Paulus an die gnostische Taufvorstellung an, wenn er schreibt: "Wisst ihr nicht, dass alle, die wir auf Christus Jesus getauft sind, auf seinen Tod getauft sind? So sind wir ja mit ihm begraben durch die Taufe in den Tod", um dann aber kritisch gegen die gnostische Lehre fortzufahren: "... damit, wie Christus auferweckt ist von den Toten, auch wir in einem neuen Leben wandeln" (Röm. 6,3f). Paulus liegt daran, dass die Wirkung der Taufe nicht nur in der Überwindung des Todes bzw. im Gewinn des ewigen Lebens gesehen wird. Er gebraucht zwar die gnostisch beeinflusste Taufvorstellung, sieht aber die Wirkung der Taufe vor allem darin, dass der Getaufte ein neues Leben beginnt.

Ähnlich verändert sich das Verständnis des Abendmahls. Ursprünglich wurde es – wohl in Erinnerung an die Mahlgemeinschaften Jesu – als Abendmahlzeit in den Häusern der ersten Christen gefeiert. In der Apostelgeschichte erzählt Lukas, dass die erste Gemeinde "täglich einmütig im Tempel beieinander" war. Dabei "brachen sie das Brot hier und dort in den Häusern, hielten die Mahlzeiten mit Freude und lauterem Herzen" (Apg. 2,46). Mit dem "Herrenmahl" feierte die Gemeinde die Gemeinschaft mit dem auferstandenen Herrn und seine baldige Wiederkunft. Ähnlich taten es die Essener in ihrer Mahlgemeinschaft, die ebenfalls auf das baldige Ende dieser und die Erwartung der neuen Welt Gottes ausgerichtet war.

Wiederum durch den Einfluss der hellenistischen Mysterienfrömmigkeit veränderte sich das Herrenmahl. Aus der Mahlgemeinschaft am Abend, das auch der gemeinsamen Sättigung diente, wurde eine rituelle Handlung, die sich von der eigentlichen Mahlzeit löste und im Anschluss an einen Wortgottesdienst gefeiert wurde.

Die so genannten "Einsetzungsworte" zum Abendmahl, wie sie Paulus in 1. Kor. 11,23-25 überliefert und in den Evangelien vom Passahmahl Jesu mit seinen Jüngern wiedergegeben werden, deuten Brot und Wein auf den Leib und das Blut des gekreuzigten Jesus Christus. Brot und Wein sind als der "für uns" gegebene Leib und das "für uns" vergossenen Blut des neuen Bundes zu verstehen. D.h. das "Opfer", das der Gekreuzigte mit seinem Tod gemäß der Sühnopfervorstellung als Sühne für die Sünden der Menschen erbracht hat, wird im Abendmahl sakramental nachvollzogen. Mit dem Genuss von Brot und Wein im Abendmahl hat der Feiernde Anteil am Opfertod Jesu. Der "gesegnete Kelch" ist "die Gemeinschaft des Blutes Jesu Christi" und "das Brot, das wir brechen", ist "die Gemeinschaft des Leibes Christi" (1. Kor. 10,16-17). Die jüdische Sühnopfervorstellung fließt hier zusammen mit der Vorstellung der Mysterienkulte, wonach der Feiernde durch das gemeinsame Mahl Anteil an Tod und Auferstehung der Kultgottheit gewinnt.

4. Die Gemeinde als „Heilsanstalt"

Wie ist die Veränderung des Glaubens an Jesus Christus durch den gnostisch-hellenistischen Einfluss hin zum kultisch-sakramentalen Gottesdienst zu beurteilen?

Zunächst: Die christliche Botschaft musste in die Welt des Hellenismus so übertragen werden, um auch von Nicht-Juden verstanden zu werden. Die Übernahme des Dualismus von Licht und Finsternis brachte die Heilsbedeutung Jesu Christi in den religiösen Vorstellungen dieser Welt zum Ausdruck.

Dazu: Die unmittelbar erwartete Wiederkehr Jesu Christi – seine Parusie – blieb aus. Die christliche Gemeinde musste sich auf ein Leben in dieser Zeit und Welt auf lange Dauer einstellen.

Verständlich, dass aus dem erhöhten Herrn, dessen nahe Ankunft man erwartete und die man in einem erneuerten Lebenswandel sozusagen vorwegnahm, nun der Gottessohn wurde, der zur Rechten Hand Gottes sitzt. Durch das Sakrament der Taufe und des Abendmahls ist man mit ihm verbunden. Das Leben "in Christus" wandelte sich zu einem Glauben "an Christus", zu einem Glauben daran, dass der Christ – sofern er mit Christus verbunden ist – Teil haben wird an Christi Leben in der Herrlichkeit. Der Christ ist "erlöst", befreit von der Angst vor dem Tod und dem Gericht Gottes. War das "Leben in Christus" ursprünglich ein gemeinschaftliches Leben als "Glied am Leibe Christi", so wandelte sich nun die Gemeinde mehr und mehr zu einer "Anstalt der Heilsvermittlung" (R. Bultmann). Aus den verschiedenen gleichrangigen Ämtern der Gemeinde bildete sich nun vor allem das Amt des Priesters heraus. Er leitete den Gottesdienst und vollzog das Sakrament. Er wurde der Mittler des Heils zwischen Gott und den Gliedern der Gemeinde.

VI. Die Entwicklung des christlichen Glaubens in der Zeit der frühen Kirche

1. Die Schriften der Apostolischen Väter[28]

Die Entwicklung des Glaubens der frühen christlichen Gemeinden hin zum sakramentalen Verständnis des Gottesdienstes setzte sich auch in den Schriften fort, die in nachneutestamentlicher Zeit entstanden sind.

---

[28] Siehe hierzu: Heinrich Kraft, Die großen Denker der christlichen Antike, Bechtermünz Verlag, Augsburg 1999.

In den Briefen der so genannten "Apostolischen Väter" – sie wurden um die Wende vom ersten zum zweiten nachchristlichen Jahrhundert verfasst – zeigen sich vor allem zwei Tendenzen:

- die Herausbildung des kirchlichem Amtes und die Konzentration des Gottesdienstes auf den Vollzug des Abendmahls als Sakrament und
- der Beginn einer Bußpraxis.

a. In den *Clemensbriefen*, den Briefen des römischen Bischofs von Rom, geht es vor allem um das Amt des Bischofs. Ursprünglich war die Gemeindeleitung ein charismatisches Amt. Der in besonderer Weise Geistbegabte wurde der Leiter der Gemeinde oder beanspruchte die Leitung. Dies führte in der Anfangszeit zur Spaltung der Gemeinde, wenn sich Glieder der Gemeinde – wie z.B. in der Korinthischen Gemeinde – verschiedenen charismatisch begabten Predigern zuwandten.

Wohl angesichts dieser Erfahrung und Gefahr der Gemeindespaltung wurde das Amt der Gemeindeleitung in dem Amt des "Bischofs" (Episkopus = Aufseher) institutionalisiert. Wichtig für die Wahl des Bischofs wurde dabei die so genannte "Apostolische Sukzession".[29] Der jeweilige Bischof sollte in der Nachfolgekette eines Apostels stehen und damit "die Kontinuität der Offenbarung von Gott über Christus und die Apostel" gewährleisten.

Der Bischof der römischen Gemeinde beanspruchte in besonderer Weise, in der Nachfolge der Apostel zu stehen. Daraus leitete er dann ab, dass ihm auch hinsichtlich der Aufsicht über die anderen Gemeinden im Römischen Reich eine herausgehobene Rolle zukäme.

b. Im *Brief des Ignatius von Antiochien* geht es ebenfalls um das Amt des Bischofs. Sein Grundanliegen ist die Mahnung an die Gemeinde, sich dem Bischof unterzuordnen.

---

[29] H. Kraft, a.a.O., S. 6.

Denn die Gemeinde wurde von zwei Irrlehren gefährdet: Die eine war der Judaismus, der Rückfall in jüdische Gesetzlichkeit. Die andere bestand im gnostischen Doketismus. Dieser lehrte, dass das Leiden Christi nur ein Scheinleiden gewesen sei, so dass dem Kreuz keine Heilsbedeutung zukomme. Im Hinblick auf diese Irrlehren galt es, sich an den Bischof zu halten. Er besaß die Vollmacht der Lehre. Aufgrund seiner Lehrautorität hatte der Bischof allein das Recht, das Abendmahl zu zelebrieren – ein weiterer Grund, sich dem Bischof unterzuordnen.

Mit seiner Lehre verkörperte er die rechte Abendmahls- und Leidenstheologie, wonach im Sakrament des Abendmahls der Leib Christi als real anwesend begriffen wurde. Das dargereichte Brot, das der Bischof in der sakramentalen Handlung in den Leib Jesu Christi "wandelte", wurde für den Empfänger zur "geistlichen Speise". Das gottesdienstliche Leben ordnete sich somit um das Mysterium der Eucharistie. Die Kirche wurde zum Altar. Sie war der Ort, wo das eucharistische Opfer dargebracht wurde.[30]

c. Den Gemeindebrief *Hirt des Hermas* beschäftigt das Problem der Sünde nach der Taufe.

Ursprünglich galt die Taufe als Ende des bisherigen "Lebens in der Sünde". Mit der Taufe waren die bisherigen Sünden vergeben. Der Getaufte bekam Anteil an der Auferstehungsherrlichkeit Jesu Christi. Gleichzeitig mit der Vergebung empfing der Getaufte die Gabe des Heiligen Geistes und damit die Erneuerung seines Lebens. Das neue Leben sollte ein Leben ohne Sünde sein, ein Leben in Güte, Gerechtigkeit und Wahrheit. Doch sehr bald stellte sich heraus, dass auch die getauften Christen Menschen blieben, Menschen mit ihren Fehlern und Schwächen. Wie war nun mit den Sünden nach der Taufe umzugehen? Galt die Taufe als Akt der Vergebung der Sünden auch für die Verfehlungen eines getauften Christen?

---

[30] H. Kraft, a.a.O., S. 17.

Für uns heute schwer nachvollziehbar, stellt der "Hirt des Hermas" fest – und gibt damit wohl die Lehrmeinung der damaligen Christenheit wieder –, dass die Sündenvergebung der Taufe nur für die vor der Taufe begangenen Sünden gelte.

Um mit den "Sünden" nach der Taufe umzugehen, unterschied man verschiedene Grade oder Stufen der Vergehen: Leichte Sünden konnten die Gnade der Taufe nicht auslöschen. Durch Gebet, Almosen und andere verdienstvolle Handlungen konnten sie gesühnt werden. Für die schweren Sünden gab es dann in der weiteren Entwicklung die Möglichkeit einer zweiten Buße. Sie wurde aber nur einmal gewährt. Wer weiterhin schwer sündigte, galt aus der Gnade gefallen und war dem Endgericht Gottes ausgeliefert.

Hier zeigt sich der Beginn einer christlichen Gesetzlichkeit. Aus den Geboten als Ruf in ein neues Leben in der Liebe wurde nun ein Katalog christlicher Gesetze. Der Getaufte hatte sie im Hinblick darauf einzuhalten, sich bei der Wiederkunft Christi vor dem Gericht Gottes verantworten zu müssen.

Entsprechend heißt es in der "Didache" (einem anderen nachneutestamentlichen Gemeidebrief): "Wacht über euer Leben, denn ihr wisst nicht die Stunde, wann der Herr kommt. Die ganze Zeit eures Glaubens wird euch nichts nützen, wenn ihr nicht im letzten Augenblick vollkommen seid."[31] Diese einsetzende Gesetzlichkeit lässt das Gemeindeleben "kleinlich und sektenhaft" werden (H. Kraft).

2. Die griechischen Apologeten

Hier sind Schriften aus dem zweiten Jahrhundert zusammengefasst, die den christlichen Glauben in der Welt des Hellenismus verteidigen und rechtfertigen. Dabei geht es um eine Verteidigung (Apologie) in zweifacher Richtung:

- Zum einen werden Vorurteile, die den Glauben als Aberglauben oder als gegen die staatliche Ordnung

---

[31] H. Kraft, a.a.O., S. 39 u. 40.

gerichtet darstellen, entkräftet.

- Zum anderen soll der Glaube gegenüber der philosophisch gebildeten Öffentlichkeit als "vernünftig" – mit der philosophischen Vernunft vereinbar – begründet werden.

a. Vermutlich führte die Feier der Eucharistie – der Glaube an die Realpräsens des Leibes Christi im Abendmahl – zum Vorurteil und Vorwurf des Kanibalismus. Hier ging es darum, nachzuweisen, dass im Abendmahl kein leibhaftiger Mensch verzehrt werde.

Dazu kam der Vorwurf der staatlichen Unzuverlässigkeit. Denn die Christen verweigerten den Kaiserkult. Diesen Vorwurf entkräfteten die Apologeten mit dem Hinweis, dass die Christen sich aufgrund ihrer Lebensführung als besonders gute und zuverlässige Staatsbürger bewährten. Insgesamt setzen die Apologeten alles daran, zu einem guten Einvernehmen zwischen Staat und Kirche zu gelangen und den christlichen Glauben als Stütze des Staates darzustellen. Bezeichnend für dieses Bemühen mag ein ausführliches Gebet des Bischof Clemens von Rom sein, in dem für die staatliche Obrigkeit gebetet und die Macht des irdischen Herrschers, als von Gott gegeben, gepriesen wird.[32] U.a. heißt es dort: "Lass uns untertan werden Deinem allmächtigen und gepriesenen Namen und unseren Führern und Herrschern auf Erden. Herr, du hast ihnen die Herrschergewalt gegeben, auf dass wir die Herrlichkeit und Ehre erkennen, die du ihnen gegeben hast ... Lenke ihren Willen danach, was schön und wohlgefällig vor dir sei, dass sie fromm und in Frieden und Sanftmut die Macht üben, die du ihnen gegeben hast, und deine Gnade erlangen."

Heinrich Kraft bemerkt dazu: "Man muss sich vor Augen halten, dass es die heidnische Obrigkeit ist, für die in dieser Weise gebetet wird."[33]

---

[32] H. Kraft, a.a.O., S. 7.
[33] H. Kraft, a.a.O., S. 8.

b. Interessanter und weitreichender für die Entwicklung des christlichen Glaubens war die Auseinandersetzung mit dem Platonismus.[34] In der Tradition des griechischen Philosophen Platon, der als "Finder und Künder jeder Wahrheit verehrt wurde" (RGG), galt der Platonismus als die Wahrheit, an der sich jede andere Wahrheit messen lassen bzw. mit ihr letztlich übereinstimmen musste. Den christlichen Apologeten ging es daher um diesen Nachweis, dass der christliche Glaube nicht im Gegensatz zur platonischen Wahrheit stand, sondern diese erst wirklich zur Wahrheit werden ließ.

Der Apologet *Justin* übernahm die platonische Lehre von Gott als dem unbewegten Beweger. Gott ist transzendent und damit jeder menschlichen Erkenntnis entzogen. Um Gott erkennen zu können, bedarf es der Offenbarung durch einen Mittler. Dieser Mittler ist der "Logos" – das Wort Gottes. Christus, der Sohn, der Erstgeborene Gottes, ist der Logos. Der Sohn Gottes ist das Wort des Vaters, das in Jesus Christus Gestalt und Wirksamkeit gewonnen hat. Jeder Mensch erhält daher kraft seiner Vernunft Zugang zum Logos bzw. Anteil an ihm. Die christliche Offenbarung richtet sich daher nicht gegen die Vernunft. Sondern diejenigen, die mit Vernunft ihr Leben führen, sind Christen. Oder: Das Leben im Geist oder nach den Geboten Christi ist ein wahrhaft vernünftiges Leben.[35]

In diesem Sinne bemüht sich *der Diognetbrief*, den christlichen Glauben darzustellen und zu begründen.

---

[34] Kurz gefasst begründet die platonische Philosophie eine Metaphysik, wonach den erfahrbaren Erscheinungen und Werten dieser Welt eine Welt der Ideen in der jenseitigen Welt gegenüber steht. Jeder Wert oder jede menschliche Tugend hat ihr Urbild in der jenseitigen Welt der Ideen. Bekannt ist das so genannte „Höhlengleichnis“: Die reale Welt gleicht einer Höhle, auf deren Hintergrund sich die Schatten der hellen Welt außerhalb der Höhle abbilden. Die Welt, die wir erleben, ist nur ein Schatten der hellen Welt der Ideen, die uns umgibt.

[35] H. Kraft, a.a.O., S. 50 ff.

Der Verfasser des Briefes ist unbekannt. Er ist an Diognet gerichtet, der über den christlichen Glauben unterrichtet und aufgeklärt werden möchte.

Zunächst setzt sich der Briefschreiber mit der heidnischen Gottesverehrung und mit dem Judentum auseinander. Beide Arten der Gottesverehrung können nicht der Wahrheit entsprechen, weil sie der Vernunft widersprechen. Unvernünftig ist der Götterkult der Griechen. Denn wie kann man dem unsichtbaren transzendenten Gott in Bildern, die aus vergänglicher Materie gemacht sind, dienen oder zu ihm beten? Ebenso unvernünftig ist die Gesetzlichkeit der Juden. Denn wie lassen sich z.B. die Sabbat- oder Speisegesetze der Juden mit einer vernünftigen Lebensweise vereinbaren? Die Christen halten sich von solchem Irrtum und Unverstand fern. Sie nehmen an der Welt teil und sind überall zu Hause. Aber sie haben keinen Anteil an den Lüsten und Begierden dieser Welt. Deshalb hasst sie die Welt, weil sie sich den Lüsten dieser Welt widersetzen.

Worum es in einem christlichen Leben geht, ist an der Gestalt Jesu Christi zu erkennen.

Christus wurde nicht zur Gewaltherrschaft in die Welt gesandt, sondern zur Milde und Sanftmut. Er zwingt die Menschen nicht zur Wahrheit, sondern will sie überzeugen. Denn Gott liegt der Zwang fern. Christus ist gekommen, um zu rufen, nicht um zu verfolgen. Als ein Liebender sandte Gott ihn, nicht als Richter.

Christus kam als Nachahmer Gottes in die Welt. Er will diejenigen, die ihm nachfolgen, zu Nachahmern Gottes machen. Ein "Nachahmer Gottes" wird man:

- wenn man nicht meint, über seinen Mitmenschen herrschen zu müssen;
- wenn man nicht mehr haben will als die Schwächeren,
- wenn man nicht als Reicher die Niedrigen unterdrückt.

  D.h. wer die Last seines Nächsten auf sich nimmt, wer dem Schwächeren helfen will in den Stücken, in denen er ihm überlegen ist, wer das, was er von Gott empfangen hat, den Bedürftigen spendet, der wird gleichsam wie Gott für die Empfänger. Er wird ein Nachahmer Gottes.

Anders als in den Schriften der Apostolischen Väter geht es im Diognetbrief nicht um eine fromme selbstbezogene Gesetzlichkeit. Sondern der christliche Glaube als vernünftige Lebensführung richtet sich auf die Welt mit ihrer Herrschsucht und Ungerechtigkeit.

Der Diognetbrief möchte den Leser davon überzeugen, dass der christliche Glaube der vernünftige Weg ist, der allein zum Frieden unter den Menschen führt.

Offensichtlich spiegelt sich in diesem Brief etwas von der Überzeugungskraft der frühen Christenheit wider. Die Christen in den Gemeinden lebten anders, als es durch die damalige Gesellschaft vorgegeben wurde. Und der Brief lässt erkennen, warum es auch gerade die Armen der damaligen Zeit waren, die Christen wurden und sich in den Gemeinden sammelten.

3. Clemens von Alexandrien[36]

Clemens von Alexandrien lebte in der 2. Hälfte des 2. Jahrhunderts. Er war ein christlicher Lehrer, wie es viele in der aufstrebenden Hafenstadt Alexandrien des zweiten und dritten nachchristlichen Jahrhunderts auch als Gnostiker und Philosophen gab. In dieser Hafenstadt, in der die verschiedensten Völker zusammen kamen, mischten sich die Religionen. Anstatt sich gegenseitig zu bekämpfen oder auszugrenzen, versuchte man von anderen Religionen oder Kulten für den eigenen Gottesglauben zu lernen und Lehren zu übernehmen, soweit sie dem eigenen Glauben nützlich schienen.

Von dieser "synkretistischen" religiösen Welt war auch die Theologie des Clemens geprägt. Ähnlich wie die Apologeten war er bestrebt, den christlichen Glauben als auf der Höhe der Zeit darzustellen. Er wehrte das Vorurteil ab, der Glaube sei denkscheu – genau das Gegenteil sei der Fall, so Clemens: Das

---

36 H. Kraft, a.a.O., S. 136-164.

Denken werde durch den Glauben herausgefordert. Gott habe die Wahrheit offenbart, und es sei vernünftig, sich der Autorität Gottes zu unterwerfen. Aber der Glaube müsse sich in der Erfahrung bewähren und bedürfe des Denkens, um zur Erkenntnis Gottes geführt zu werden. Das Denken aber wolle gelehrt werden. Und deshalb sei auch gerade für Christen die Bildung und Schulung im philosophischen Denken wichtig.

In besonderer Weise setzte sich Clemens mit der Gnosis auseinander, wie sie in Alexandrien gelehrt wurde. Dabei grenzte er sich nicht nur von ihr ab, sondern verwendete die gnostische Lehre vom Aufstieg der Seele zu Gott im Sinne einer christlichen Gnosis. Der göttliche Logos bringe als "Erzieher" den Menschen schrittweise zum Heil und zur Vollendung. Der Christ habe die Aufgabe, individuell nach dieser Vollendung zu streben.

Der Weg zur Vollendung ist in den Mysterienreligionen vorgebildet. Hier wird das "Himmlische Licht" als Bringer der Offenbarung und Erkenntnis gepriesen. In ihren Schriften heißt es dazu: "Wir wollen dem wahrhaft seienden Gott entgegen blicken und ihn begrüßen mit dem Weiheruf: ‚Gruß Dir, o Licht!'"[37] Das Licht ist das ewige Leben, und wer daran Anteil hat, lebt.

Glaube und Erkenntnis bauen für Clemens aufeinander auf. Wer den Glauben empfangen hat, ist darauf angewiesen, nach Erkenntnis zu streben. Mit Hilfe der Gnosis wird der Glaube vertieft. Sie verhilft zur Glaubenserkenntnis. Diese Glaubenserkenntnis wiederum versetzt den Menschen in jenen göttlichen, heiligen, der Seele verwandten Bereich und lässt ihn durch ihr eigentümliches Licht die mystischen Stufen ersteigen – hin zur höchsten Stufe, zum Gipfel der Ruhe. Sie lehrt den, der reinen Herzens ist, Gott von Angesicht zu Angesicht zu schauen.[38]

Jeder Christ hat die Möglichkeit, ja die Pflicht, zu solcher Erkenntnis und ein Gnostiker zu werden. Notwendig dafür ist die Bildung sowie die Fähigkeit, durch Askese die körperlichen Be-

---

[37] H. Kraft, a.a.O., S. 149.

[38] H. Kraft, a.a.O., S. 151.

gierden abzutöten. Denn Gott ist unkörperlich und kann nicht durch körperlich-sinnliche Wahrnehmung erfasst werden. Nur in reinem Denken ist Gotteserkenntnis möglich.

Mit seiner Lehre weist Clemens von Alexandrien den Weg in eine individuelle vergeistigte Frömmigkeit, die sich von der Welt weg dem himmlischen Licht Gottes zuwendet und ihm zustrebt.

Anders als der Diognetbrief, der den christlichen Glauben als der Welt und ihren Problemen zugewandte praktische Vernunft erklärt, lehrt Clemens einen letztlich weltabgewandten Glauben, der das individuelle Seelenheil im Schauen der Wahrheit Gottes anstrebt.

4. Origenes

Zu den großen Denkern und Theologen der frühen Kirche gehört vor allem auch Origenes. Er lebte von 185-254 n. Chr. zunächst auch in Alexandrien und war vermutlich Schüler des Clemens von Alexandrien. Er entstammte einer christlichen Familie. Sein Vater Leonidas war Lehrer, der in den damaligen Christenverfolgungen in Alexandrien den Märtyrertod erlitt. Die Glaubensfestigkeit und Standhaftigkeit des Vaters spornte den Sohn an, ebenfalls für den christlichen Glauben zu streiten und als Märtyrer zu sterben, was seine Mutter allerdings zu verhindern wusste.

Schon als junger Mann widmete sich Origenes einem intensiven Bibelstudium und studierte die heidnische (platonische) Philosophie, um das Christentum gegenüber den Gebildeten verteidigen und sie in der christlichen Lehre unterweisen zu können. Um Jesus zu folgen, führte er ein streng asketisches Leben. Seine Askese trieb er so weit, dass er sich – zur Abtötung seiner Sexualität – als junger Mann selbst kastrierte.

Als erster Christ in der Kirchengeschichte entwickelte Origenes ein umfassendes christliches Lehrgebäude. Insgesamt soll sein schriftliches Werk an die 2.000 Schriften umfasst haben, von denen aber nur ein kleiner Teil überliefert ist. Sein für uns heute wichtigstes Werk ist seine Schrift "De principiis" (*Von den Anfängen*), in der er ein umfassendes theologisches System entwickelt. Dabei nimmt die Exegese der Heiligen Schrift einen großen Raum ein. Weil der Mensch auf Offenbarung angewiesen sei, müsse er sich sorgfältig mit den Quellen der Offenbarung beschäftigen. Dem Origenes galten Altes und Neues Testament in gleicher Weise als Wort des Christus. Origenes deutet daher auch die Texte des Alten Testamentes – die Mosebücher und die Propheten – als Worte Christi und interpretiert sie als Weissagung auf Christus hin. "Origenes hat sich bewusst daran gemacht, ein christliches Lehrgebäude zu errichten, und die Bausteine der Heiligen Schrift entnommen. Der Bauplan allerdings entstammt der platonischen Philosophie."[39]

Welches sind die Grundzüge dieses Lehrgebäudes? Welche Glaubensvorstellungen sind maßgebend?

Das System beginnt mit der Gotteslehre. Entsprechend der platonischen Philosophie wird Gott als körperloser Geist gedacht. Allem "Gewordenen" (Geschaffenen) gegenüber ist er der einzig "Ungewordene" (Ungeschaffene). Oder: Gott ist das vollkommen Gute – das Gute schlechthin.

Zwei Bereiche der Schöpfung unterscheidet Origenes: Zuerst gibt es den Bereich des Logos und der Logikoi, der Vernunftwesen. Dazu gehört der Sohn Gottes als geoffenbarter Logos, die Engel und die widergöttlichen Mächte sowie die Heiligen – die vom Heiligen Geist bewegten und gereinigten Menschen. Der zweite Bereich ist die körperliche Welt, zu der auch die Menschen mit ihren körperlichen Begierden und ihrer Sünde gehören. Aber trotz aller Sünde wohnt in jedem Menschen die Seele als vernünftiger Kern. Dieser ist unzerstörbar, so dass das Gute sich letztlich durchsetzen wird. Am Ende werden alle Menschen geläutert sein, und der Anfang der ursprünglich guten Schöpfung wird wieder hergestellt (*Apokatastasis panton*). An die Stelle der Lehre vom Endgericht Gottes tritt bei Origenes die Lehre von der Wiederherstellung aller.

---

39 H. Kraft, a.a.O., S. 196.

Dem entspricht seine Christologie. Der Christus als Logos (Wort Gottes) steigt freiwillig aus seiner göttlichen Allgegenwart in die leibliche Begrenztheit hinab. Er wird mit einem Fleischesleib "überkleidet", ist aber letztlich dem Tod nicht unterworfen. Als göttlicher Lehrer ist er der Erlöser. Er erlöst die Menschen, indem er sie zur wahren Gotteserkenntnis anleitet und den Weg zu Gott weist.

Zwar übernimmt auch Origenes die Vorstellung vom Sühnopfer Christi und damit zusammenhängend die Vorstellung, dass mit seinem Tod das Lösegeld zur Befreiung der Menschen aus der Macht des Teufels "bezahlt" wird. "Entscheidend aber vollzieht sich die Erlösung dadurch, dass die Seele sich auf den Weg zu Gott begibt und dem Vorbild des Erlösers folgt".[40]

Heinrich Kraft zitiert dazu aus der Schrift des Origenes: "Wenn einer nun rein von Herzen und gereinigter am Geist und geübter in seinen Sinnen sein wird, dann wird er bald schneller vorankommen, wird zum luftigen Ort gelangen und wird zu den Reichen des Himmels kommen." Er wird dabei dem folgen, "der die Himmel durchdrang, Jesus dem Sohn Gottes, der gesagt hat: *Wo ich bin, da will ich, dass diese mit mir sind.*"

VII. Die Entwicklung der christlichen Lehre in den ersten Jahrhunderten n. Chr.

In der christlichen Lehre, wie sie sich vor allem durch Origenes entwickelt hat, wird die durch Jesus Christus geschehene Erlösung vor allem als Glaubens- und Erkenntnisweg dargestellt.

Christus, als der Mensch gewordene Logos Gottes, ist der Lehrer der Menschen. Er vermittelt die Erkenntnis Gottes. Indem der Mensch sich von dieser Erkenntnis leiten lässt, wird er zur Vollkommenheit geführt. Damit wird er zu dem, was Jesus Christus auch war – er wird „vergottet" und damit erlöst. Diese Erlösung aber ist nur möglich, weil Christus wahrer Gott und wahrer Mensch ist.

---

40 H. Kraft, a.a.O., S. 219.

In der weiteren Lehrentwicklung geht es um die Frage, wie diese Einheit von Gott und Mensch in der Gestalt Jesu Christi zu denken ist. Es gab die eine Denkrichtung, wonach Jesus von Anfang an als von Gott geborenen Sohn Gottes zu glauben war. Dagegen wehrten sich die so genannten „Monarchisten“. Sie vertraten einen strengen Monotheismus, für den die Gottessohnschaft Jesu von Geburt an den Glauben an zwei Götter bedeutet hätte. Jesu Gottessohnschaft sei nicht von seiner Natur her, sondern als Adoption zu verstehen.

1. Der arianische Streit

Die Lehrauseinandersetzung um die Frage, wie die Gottessohnschaft Jesu zu denken sei, wurde vor allem unter den Schülern des Origenes ausgetragen. Einer von ihnen war Arius – zu Beginn des 4. Jahrhunderts. Arius bestritt, dass der „gewordene“ Sohn wesensgleich mit der „ungewordenen Gottheit“ sein könne. Er löste damit den so genannten „Arianischen Streit“ um die Zweinaturenlehre Christi aus.

Sein Gegenspieler wurde Athanasius, der Bischof von Alexandrien. Er behauptete entschieden die „Wesensgleichheit“ Jesu Christi mit Gott und erreichte, dass Arius mit seiner Lehre als Ketzer verurteilt wurde. Denn wenn, so Athanasius, Christus nicht wesensgleich mit Gott sei, könne der Mensch durch ihn nicht erlöst werden. Nur wenn Christus wahrer Gott sei, könne er auch den Menschen vergotten.

Dabei versteht Athanasius unter „Vergottung“ wie Origenes keinen Erkenntnisprozess. Sondern der Mensch wird von der göttlichen Kraft der Unsterblichkeit durchdrungen. „Vergottung“ wird hier als sakramentaler Vorgang verstanden. Im Sakrament von Taufe und Abendmahl empfängt der Glaubende die göttliche Kraft der Unsterblichkeit. Er empfängt die Erlösung als Überwindung des Todes. Um dieser Erlösung willen musste der ewige Gott in Christus Mensch werden. Wie göttliche und menschliche Natur in Jesus Christus vereint sind, bleibt nach Athanasius ein Geheimnis.

Auf der Synode von Nicäa im Jahre 325 n. Chr. wurde die Position des Athanasius im „Nicänischen Glaubensbekenntnis" zur allein gültigen Lehre der Christenheit erklärt und der Arianismus nochmals ausdrücklich als Ketzerei verurteilt. In diesem Bekenntnis, das zu feierlichen Anlässen auch heute in unseren Gottesdiensten gesprochen wird, heißt es: *„Wir glauben an den einen Herrn Jesus Christus, Gottes eingeborenen Sohn, aus dem Vater geboren vor aller Zeit: Gott von Gott, Licht vom Licht, wahrer Gott vom wahren Gott, gezeugt, nicht geschaffen, eines Wesens mit dem Vater; durch ihn ist alles geschaffen. Für uns Menschen und zu unserem Heil ist er vom Himmel gekommen, hat Fleisch angenommen durch den heiligen Geist von der Jungfrau Maria und ist Mensch geworden."*

Nachdem das Christentum unter dem römischen Kaiser Konstantin im Jahre 313 n. Chr. (Konstantinische Wende) zur Staatsreligion im Römischen Reich erklärt wurde, entwickelte sich das Bekenntnis zu einem Instrument staatlicher Ordnung. Die Einheit und Ausschließlichkeit des Bekenntnisses sollte nicht nur die Einheit der Kirche, sondern auch die des – nun christlichen – Staates gewährleisten. Wer gegen das Bekenntnis lehrte, wurde nicht nur als Ketzer aus der kirchlichen Gemeinschaft ausgeschlossen, sondern auch als Staatsfeind behandelt.

2. Die christliche Lebensführung

Durch den Einfluss der Gnosis veränderte sich, wie der Christ sein Leben zu führen hatte.

So wie die Gnosis die Welt als den Bereich der Finsternis im Gegensatz zum jenseitigen Licht Gottes verstand, sah sie auch den Menschen in den Bereich des Leiblich-Fleischlichen und den des Geistigen aufgeteilt. Der Körper mit seinen sinnlichen Begierden – das „Fleischliche" also – war dem Geistig-Reinen entgegengesetzt. In dem Maße, in dem das Heil – wie vor allem auch in der Theologie des Clemens von Alexandrien und des Origenes – als geistiger Aufstieg der Seele zur Erkenntnis

Gottes verstanden wurde, musste auch das Leben des Christen von der Reinheit des Geistes bestimmt sein. Alle körperlichen Bezüge – insbesondere die körperlich-sexuellen Begierden – wurden zur Quelle des Sündhaften. Um Gott zu schauen oder um ewiges Leben zu empfangen, musste das Körperliche abgetötet werden. Denn die sexuelle Lust – so die damalige Lehre – verunreinigt den Menschen. In ihr entfernt sich der Mensch von Gott. Diese Abwertung des Leiblichen führte zur „Dämonisierung" besonders der Sexualität.[41] Als die wahren Frommen galten nun die Asketen, die Mönche und Nonnen.

Für die Frage, nach welchen Werten oder Richtlinien ein Christ leben soll, ist diese aus der Gnosis stammende Vorstellung von Heil und Sünde von großer Bedeutung.

In seinen Briefen ermahnt der Apostel Paulus die Christen, sich nicht dieser Welt gleichzustellen. Sie sollen nicht Böses mit Bösem vergelten; sie sollen gastfrei sein; sie sollen sich den Geringen und Schwachen öffnen. Der Kolosserbrief verbindet das „Leben für Christus" mit den Ermahnungen, Zorn, Grimm, Bosheit und Lästerung „abzulegen". Als die „Auserwählten Gottes" sollen sie barmherzig, freundlich, demütig, sanftmütig und geduldig sein. „Wie der Herr euch vergeben hat, so vergebt auch ihr" (Kol. 3). Das Leben für Christus also soll dem Gebot der Liebe folgen.

Die Liebe ist nach neutestamentlicher Überlieferung der Kern aller Gebote und damit die Richtlinie christlicher Lebensführung. Dies nun ändert sich in dem Maße, indem das Heil als ein rein geistiges zum Himmel gerichtetes verstanden wird. An die Stelle der Liebe als Richtschnur tritt die körperliche Reinheit. Richtet sich das Gebot der Liebe auf den Nächsten bzw. auf das irdische Leben in der menschlichen Gemeinschaft, so richtet die Forderung der Reinheit – wie sie im Gefolge gnostisch beeinflusster Theologie erhoben wird – den Menschen auf sich selbst und sein himmlisches Heil aus. Es geht um die

---

41 Hier beziehe ich mich auf das Buch von Uta Ranke-Heinemann, „Eunuchen für das Himmelreich", Hamburg 1988. In ihrem Buch geht sie der Geschichte von Kirche und Sexualität nach.

eigene Vollkommenheit, um die eigene Reinheit im Geistigen, um die eigene Gottesschau. Wichtiger als die Frage, wie Christen mit ihren Mitmenschen zusammenleben, wird die Frage, wie der Christ mit seinen körperlichen Begierden, vor allem mit seiner Sexualität, umgehen soll.

3. Augustin[42]

Die christliche Lehrentwicklung erhält im 4. Jahrhundert durch den bedeutenden Kirchenlehrer Augustin – er lebte von 354-430 n. Chr. – eine für die Gesamtkirche bleibende Bedeutung. Nach einem Leben körperlicher und sexueller Ausschweifungen hatte Augustin sich zum Christentum bekehrt.

Das Schöne im Leben sah er nicht mehr im körperlichen Genuss, sondern im „Genießen Gottes" (*frui deo*). Gut wird das Leben, wenn es sich auf Gott hin ausrichtet, wenn der Mensch nach Gotteserkenntnis strebt. „Unruhig ist unser Herz, bis es in dir ruht, Gott!" *Inquietum est cor nostrum, donec requieat in te* – so lautet ein berühmter Ausspruch Augustins. Ähnlich wie Origenes sieht er das Ziel des Glaubens in der Gotteserkenntnis als Gottesschau. Die Liebe zu Gott vollzieht sich im Erkennen und Schauen und damit im „Haben" Gottes. Den Weg zu dieser Gottesschau, zu diesem „Genießen Gottes", weist Jesus Christus. Die „Lust" an ihm, die Lust, Jesus zu folgen, führt auf den Weg der wahren Gotteserkenntnis.

Diese „Lust" am Ewigen verdrängt die Lust oder Freude an den sinnlichen Dingen dieser Welt. Wer sich dem Genuss am Sinnlich-Weltlichen hingibt, kehrt sich von Gott ab. Er sündigt. Denn Abkehr von Gott ist Sünde, ist Mangel an Gutem.

Im Sündenfall hat Adam sich von Gott abgekehrt – hin zu sich selbst und zur sinnlichen Lust. Mit Adam ist die Sünde in die Welt gekommen und wird seit dem als „Erbsünde" von einer Generation zur nächsten weiter getragen – vererbt! Die Folge des Sündenfalls sind Hochmut und sinnliche Lust, die den

---

[42] Ich beziehe mich im Folgenden auf die Dogmengeschichte von Fr. Loofs, Teil 2.

Menschen ins Verderben führen. Somit wir die Menschheit eine „Masse des Verderbens“, eine „massa perditionis“.

Gegen die Sünde des Menschen wirkt Gottes Gnade. Nach der Lehre Augustins wirkt sie als Kraft und Inspiration zum Guten und Gerechten. Die Liebe zu Gott zieht das Gute, das göttliche Gutsein, in den Menschen hinein. Glaube wird hier als Liebe verstanden, die sich bittend an Gott hält.

Somit sieht Augustin den Menschen nicht sosehr als Schuldner vor dem Richterstuhl Gottes, dessen Schuld der Sühne bedarf. Sondern dem Menschen mangelt es am Gutsein. Er muss in das Gute hineingeführt, zum Guten hin erzogen werden. Jesus Christus ist für uns nicht der, der uns durch sein Sühnopfer mit Gott versöhnt. Er ist Gottes Gabe an uns Menschen, der uns die Gnade des Guten, die der Mensch durch den Sündenfall verloren hat, vermittelt.[43]

Die Fähigkeit, gemäß der Liebe Gottes zu leben, ist aber kein Verdienst des Menschen, sondern sie stellt die Gabe der Gnade Gottes dar und wird denen zuteil, die von Gott berufen sind. Daher: Nur Wenige werden nach dem Ratschluss und der Vorherbestimmung Gottes herausgeführt aus der Masse der zum Verderben bestimmten Menschen. Nur sie gewinnen Anteil am Heil. In der Kirche ist die Schar der zum Glauben Erweckten und von Gott Erwählten versammelt. Sie gehören der „civitas dei“ an, die der weltlichen Herrschaft, der „civitas mundi“, als der Herrschaft des Bösen gegenüber steht. Die Schar der Erweckten lebt vereint durch die Liebe zu Gott zusammen mit den Engeln engelsgleich.

Leider wurden somit auch gerade durch Augustin die Lust- und damit die Sexualfeindlichkeit zu Bestandteilen der christlichen Lehre. Christsein bedeutete auch für ihn vor allem „Rein-

---

[43] Fr. Loofs, a.a.O., S. 311: „Die Gnade Gottes ist ihrem Wesen nach Kraftmitteilung, die *inspiratio bonae voluntatis* ... Nicht Schuld und Vergebung, sondern menschliches Nichtkönnen und göttliches Geben sind für die Rechtfertigungslehre Augustins entscheidende Begriffe.“

sein“ – rein von sinnlich-sexuellen Begierden![44] Im Hinblick auf das Amt des Priesters führte dieses Verständnis von Sünde und Reinheit zum Zölibat. Dem „Heiligen“ am Altar durfte sich nur der Reine, der zölibatär lebende Priester nähern.[45]

VIII. Glaube und Kirche im Mittelalter[46]

“Kirche im Mittelalter”, das ist die Kirche um die Jahrtausendwende bis zum 16. Jahrhundert, dem Beginn der Reformation. In dieser Zeit entwickelt sich die Kirche zu einer beinahe alle Bereiche des Lebens bestimmenden Macht. Nach dem Zusammenbruch des Römischen Reiches – herbeigeführt durch das Erstarken der germanischen Völker – bleibt die Kirche, mit dem römischen Papst als Ponifex Maximus an der Spitze, die Völker verbindende Institution. Sie entfaltet ihre Kraft als Erzieherin der germanischen Völker, die jetzt christianisiert werden. Diese Bekehrung der “heidnischen Germanen” geschah auch mit Hilfe der staatlichen Macht des Karolingerreiches. Die Kirche erwies sich als überlegene Macht. Mit ihrer Autorität prägte sie die Ordnung und Gemeinschaft des mittelalterlichen Menschen bis hin zum individuellen sittlichen Verhalten des Einzelnen.

Die erzieherische Autorität wuchs der Kirche auch deshalb zu, weil Priester und Mönche allein die Schriftkundigen waren. Nur sie besuchten Schulen und die in dieser Zeit entstehenden Universitäten. Nur sie lernten die lateinische Sprache, die das “Heilige christliche römische Reich” sprachlich einte.

Durch die Verbindung mit der staatlichen Macht vermochte die Kirche ihren Einfluss auch gerade im Politischen geltend zu machen. Um das “Heilige Land” – die Stadt Jerusalem – von der moslemischen Herrschaft zu befreien, rief sie zu Kreuzzügen

---

44 U. Ranke-Heinemann, a.a.O., S. 81ff.

45 Im Jahr 1054 n. Chr. erklärte die Kirche den Zölibat des Priesters zum Dogma. Aufgrund dieses Dogmas trennte sich die Ostkirche von der Römischen Westkirche.

46 Zum Folgenden siehe weiterhin Fr. Loofs , Dogmengeschichte, Teil 2.

gegen den Islam auf. Um die slawischen Völker Osteuropas zu missionieren, kam es zur Bildung der Ritterorden. Der "christliche Krieg" wurde somit ein Mittel zur Bewahrung und zur Ausbreitung des christlichen Glaubens. Indem die Kirche danach strebte, die göttliche Herrschaft über die Welt zu errichten, passte sie sich mehr und mehr der Art und Weise weltlicher Herrschaft an. Sie wurde somit selbst eine weltliche Macht, die dann auch mit der staatlichen Macht um ihre Vorrangstellung kämpfte.[47]

1. Das Sünden- und Gnadenverständnis

Wie gewinnt der Christ Anteil an der göttlichen Gnade? Diese Frage beschäftigte die Lehre und das Glaubensverständnis der Kirche im Mittelalter.

Augustin verstand die Gnade Gottes als das "Gute" – als gutes Leben. Durch Jesus Christus werde der Christ zum "Gutsein" inspiriert. Gnade sei somit eine Art Kraftmitteilung, eine Hilfe zum Guten, die diejenigen empfangen, die Gott lieben und von Gott dazu berufen sind.

In der kirchlichen Lehre des Mittelalters aber, in der so genannten Scholastik, änderte sich das Sünden- und Gnadenverständnis zu einem Gegenüber von Schuld und Vergebung. Danach ist der Mensch von Geburt an schuldig vor Gott. Von sich aus vermag er die Schuld, die ihm als Erbsünde anhaftet, nicht zu tilgen. Andererseits kann Gott um seiner Gerechtigkeit willen dem Menschen die Schuld nicht einfach erlassen. Sie kann nur durch eine Genugtuung (Satisfaktion) getilgt werden, die der Größe der Schuld entspricht. Sie bedarf eines Sühnopfers,

---

[47] Ein Beispiel für diesen Machtkampf zwischen Papsttum und Staat ist der so genannte "Investiturstreit". Hier ging es darum, wer das Recht hatte, den Bischof zu berufen bzw. einzusetzen. Noch aus germanischem Gesetz war dieses Recht dem Fürsten bzw. König vorbehalten. Nun beanspruchte der Papst das Recht, Bischöfe nach römischem Recht einzusetzen. Der Streit endete bekanntlich mit dem "Bußgang nach Canossa" des damaligen Kaisers Heinrich IV. zugunsten der Vormachtstellung des Papstes.

das letztlich nur Gott selbst erbringen kann. Deshalb wird Gott Mensch in seinem Sohn Jesus Christus, der dieses Sühnopfer durch seinen Tod am Kreuz erbringt.

In seiner Schrift “Cur deus homo” (“Warum wurde Gott Mensch?”) entwickelte der Theologe Anselm von Canterbury – er lebte von 1033-1109 – diese Satisfaktionslehre. Sie bestimmte den Glauben an Jesus Christus und das theologische Denken im Mittelalter und auch in unserer Kirche bis heute maßgeblich.

Auch Thomas von Aquin – er lebte von 1225-1274 und war der bedeutendste Kirchenlehrer des Mittelalters – verstand das Heil, das dem Menschen durch Christus eröffnet ist, als Satisfaktion. Christus leistet, was der Mensch nicht vermag. Mit seinem Sterben am Kreuz befreit er den Menschen von seiner Sünde, die dem Menschen wie eine Natur als Erbsünde anhaftet. Christus erlöst den Menschen vom der Macht des Teufels und der Sünde und rettet ihn somit vor dem Strafgericht. Oder positiv gewendet: Christus öffnet dem Glaubenden die Himmelstür, die durch Adams Sündenfall verschlossen war.[48]

Gleichzeitig besteht Augustins Lehre fort: Die Vergebung der Schuld bewirkt eine reale Veränderung im Menschen. Die Gnade Gottes “fließt” in ihn hinein als eine “gratia infusa” (einfließende Gnade). Die Vergebung der Sünde beseitigt gleichsam den “sündigen Defekt” des Menschen. Er steht nicht mehr unter der Macht der Sünde. Er muss nicht mehr sündigen. Wie das Licht die Finsternis eines Raumes vertreibt, so vertreibt das Licht der Gnade die Finsternis der Sünde.

Da sich die Gnade aber real, d. h. in den Werken und im Leben des Christen, erweisen musste, entstand die Frage, inwieweit der Christ seines Heils gewiss sein konnte. War es möglich, den “alten Adam” durch den Empfang der Gnade wirklich loszuwerden? Was geschah, wenn der getaufte Christ erneut sündigte?

---

[48] Fr. Loofs, a.a.O., S. 451ff.

2. Die Entwicklung des Bußsakramentes

Schon in der frühen Kirche hatte sich das Problem der Sünden nach der Taufe gestellt und zu einer Beichtpraxis geführt. Lässliche Sünden konnten dem Getauften vergeben werden, wenn er seine Verfehlungen bekannte und durch gute Werke seinen Willen zur Erneuerung seines Lebens bezeugte. In den ersten Gemeinden geschah die Beichte vor der Gemeinde.

Im Mittelalter nun entwickelte sich aus dieser Beichtpraxis das Bußsakrament.

Aus der Beichte vor der Gemeinde wurde ein "Beichtinstitut", d. h. ein Sakrament, für das allein der Priester zuständig war. Als Christ war man verpflichtet, regelmäßig dem Priester seine Sünden zu beichten. Der Priester prüfte bzw. beurteilte die Ernsthaftigkeit des Sündenbekenntnisses – die Erschütterung des Herzens (contritio cordis). Als Wiedergutmachung – als Satisfaktion – waren gute Werke erforderlich, die dem Beichtenden ebenfalls vom Priester auferlegt wurden. Das Bußsakrament schloss mit der "Absolution" (der Lossprechung von der Schuld), die der Priester kraft seiner sakramentalen Autorität aussprach.

Einerseits bewirkte das Bußsakrament eine Entlastung von Schuld. Über die Beichte und mit der abschließenden Absolution wurde dem Christen Heilsgewissheit gewährt. Er konnte seine Schuld los werden und durch die ihm auferlegte Satisfaktion die Gewissheit erhalten, sein Verhältnis zu Gott wieder in Ordnung gebracht zu haben.

Andererseits aber gewann der Priester über das Bußsakrament einen starken Einfluss auf das Leben des einzelnen Christen. Ein Katalog von leichten und schweren Sünden bis hin zu Todsünden entstand, die nicht vergeben werden konnten und zum Ausschluss (Exkommunikation) aus der Kirche führten.

Damit setzte die Kirche moralische Maßstäbe für das, was erlaubt bzw. nicht erlaubt war. Da Sünde vor allem als körperliche – sexuelle Lust – zu verstehen war, spielte die Frage, wie Christen mit ihrer Sexualität umgingen, eine besondere Rolle. Über die Beichte wurden Eheleute u. a. daraufhin kontrolliert, ob die geschlechtliche Vereinigung ausschließlich der Kinderzeugung diente. Der Gewissensdruck oder -zwang entstand vor allem auch dadurch, dass dem Sünder das göttliche Strafgericht und die ewige Verdammnis drohten, wenn ihm seine Schuld nicht vergeben wurde. Da die Angst vor der Verdammnis das Leben der Menschen im Mittelalter in besonderer Weise beherrschte, übte die Kirche mittels des Bußsakraments eine große Macht über den Menschen aus.

In der weiteren Entwicklung der Beichtpraxis konnten die guten Werke, mit denen der Gläubige seine Schuld zu tilgen hatte, auch durch Geldzahlungen oder Stiftungen abgeleistet werden.

So verkam im späten Mittelalter die Bußleistung immer mehr zu einem Ablasshandel. Wer mit einem Geldbetrag für einen von der Kirche bestimmten guten Zweck zahlte, konnte mit dem Erlass seiner Schuld rechnen. "Wenn die Münze in dem Kasten klingt, die Seele in den Himmel springt!" Mit diesem Werbespruch zog bekanntlich der Mönch Tetzel später durch die Lande, um Geld für den Bau des Petersdoms in Rom einzuwerben.

3. Die Heiligenverehrung

Die Vergewisserung des Heils erfolgte nicht nur sakramental durch das Bußsakrament, durch Beichte, Satisfaktion und durch priesterliche Absolution. In ihr ging es vor allem um das Heil vor dem Richterstuhl Gottes. Für die weltlichen Nöte und Gefahren aber gab es – und gibt es bis heute – die Heiligen, die man als Mittler und Fürbitter vor Gott verehrte und anrief.

Ihren Ursprung hat die Heiligenverehrung im Gedenken und in der Verehrung der Märtyrer der frühen Kirche. Als Blutzeugen Christi – so glaubte man – standen sie in einer besonderen Nähe zu Gott und konnten für den Gläubigen als Fürbitter vor Gott eintreten.

Besonders im einfachen Volk breitete sich die Heiligenverehrung aus. Als Heilige wurden hier nicht nur Märtyrer verehrt, sondern Menschen, die durch ein heiliges, heilbringendes Leben Menschen geholfen hatten und zum Vorbild für ein frommes Leben geworden waren. Für bestimmte Berufe und an bestimmten Orten wurden sie als Schutzpatrone verehrt. Gedenktage an die Heiligen wurden und werden als Feste gefeiert. Zu bestimmten heiligen Orten pilgert man auf Wallfahrten, um dort Reliquien der Heiligen zu verehren und ihre Heilkraft zu erfahren. In den Kirchen wurden Ihnen Altäre errichtet, vor denen die Gläubigen zu ihnen beten können.

Dass die Heiligenverehrung so populär wurde, hing wohl damit zusammen, dass in ihnen der ferne Gott in Menschengestalt nahe kam. Hier war Gott nicht der strenge Richter, sondern wurde in der Gestalt des Heiligen greifbar und als hilfreich erfahren.

Um die Ausbreitung der Heiligenverehrung zu kontrollieren und an Voraussetzungen zu binden, musste seit dem Mittelalter die Heiligsprechung eines Menschen vom Papst autorisiert werden. Sie war in der Regel daran gebunden, dass der betreffende Mensch nicht nur viel Gutes getan, sondern auch ein Wunder vollbracht hatte.

Eine besondere Bedeutung bekam im Rahmen der Heiligenverehrung der Marienkult.

Die Verehrung der Jungfrau Maria war ursprünglich in den Gemeinden des Orients lebendig und breitete sich im frühen Mittelalter auch im Westen der Gesamtkirche aus.

Maria als die jungfräuliche Mutter Jesu wurde im Zuge dieser Verehrung zur Himmelskönigin erhoben. Als solche verkörpert sie die Barmherzigkeit. In ihren mütterlichen Schutz flüchtet sich der Gläubige, um dem Zorn des richtenden Gottes und auch des Gottessohnes zu entkommen.

Die Mystik verstand Maria als das Urbild der Gott liebenden reinen Seele, die auf geistige Weise Gott empfängt und gebiert.

Die Marienaltäre in den Kirchen stehen in der Regel neben dem Hauptaltar und sind besonders prunkvoll ausgestaltet. Sie weisen hin auf die hervorgehobene Stellung der Maria als der

Gottesmutter. In mancher Hinsicht – vor allem für den einfachen Gläubigen – überragt sie die Bedeutung des Gottessohnes.

Mit dem Dogma der unbefleckten Empfängnis aus dem Jahre 1854 und dem Dogma der leiblichen Himmelfahrt der Maria aus dem Jahre 1950 wurde diese hervorgehobene Stellung als amtliche Lehre festgeschrieben.

4. Die Inquisition als Mittel zur Durchsetzung der kirchlichen Lehrautorität

Nicht zuletzt etablierte sich in der Kirche des Mittelalters die Inquisition als strafrechtliche Verfolgung eines von der kirchlichen Lehre abweichenden und damit ketzerischen Glaubens. Schon seitdem das Christentum unter Konstantin Staatsreligion geworden war, diente die Einheit des Glaubens der Einheit des Staates. Die Abweichung vom rechten Glauben wertete und ahndete man als Vergehen gegen den Zusammenhalt des Staates.

Aber erst im hohen Mittelalter entwickelte sich die Inquisition zu einer Art Behörde – dem "Sanctum Offizium". Schon der Verdacht auf Irrglauben erregte das Misstrauen der Inquisition und veranlasste sie, durch Verhöre den Tatbestand der Ketzerei zu ermitteln. Dabei wurde oft durch Folterungen – durch "hochnotpeinliche Verhöre" – das Geständnis des Ketzers erzwungen. Bei schwerem Vergehen, und wenn der Ketzer nicht widerrief, drohte ihm der Tod auf dem Scheiterhaufen.

Opfer der Ketzerverfolgungen und Inquisition waren vor allem die Juden in Spanien.

Aber auch christliche Reformbewegungen – die Waldenser, die Albigenser und Katharer, die im 12. und 13. Jahrhundert in Frankreich entstanden, litten als ketzerische Sekten unter den Verfolgungen. Gemeinsam war diesen Bewegungen ihre Kritik an der Verweltlichung der Kirche. Dem Vorbild Jesu und der Apostel folgend, predigten und lebten sie ein asketisches Reinheits- und Armutsideal. Sie schlossen sich zu Bruderschaften und eigenen Gemeinden zusammen. Die Katharer in Südfrankreich schufen sogar eine reguläre Gegenkirche. Nach erfolglosen Bemühungen der kirchlichen Hierarchie, diese Ketzerbewegungen zu verbieten, wurden sie exkommuniziert und mit staatlicher Hilfe verfolgt. Zur ihrer Bekämpfung rief die Kirche zu Kreuzzügen auf. Während die Waldenser in der Schweiz und in Norditalien in den Alpentälern überleben konnten und bis heute als Gemeinden dort existieren, wurden die Albigenser und Katharer zuletzt vernichtend geschlagen und umgebracht. Im Jahre 1330 wurden die letzten Albigenser auf dem Scheiterhaufen hingerichtet.

Die Inquisition richtete sich nicht nur gegen ketzerische Glaubensbewegungen. Auch das Aufkommen einer kritischen eigenständigen Wissenschaft wurde verfolgt, wenn ihre Ergebnisse im Widerspruch zur Lehre der Kirche standen. Als z.B. Kopernikus im Jahre 1543 sein Werk "De revolutionibus orbium coelestium" veröffentlichte und an Stelle des bisherigen antiken-mittelalterlichen Weltbildes, das die Erde als Mittelpunkt des Universums sah, sein heliozentrisches System setzte, wonach die Erde als einer der Planeten um die Sonne kreist, durfte er diese neue Weltsicht nicht veröffentlichen. Sie widersprach der kirchlichen Lehre, die an dem bisherigen Weltbild als der biblischen Wahrheit festhielt.

Als etwa 100 Jahre später der Physiker und Astronom Galilei aufgrund weiterer physikalischer und astronomischer Entdeckungen die Lehre des Kopernikus neu begründete, wurde er vor das Inquisitionsgericht geladen und zum Widerruf seiner Lehre gezwungen. Galilei fügte sich dem Zwang zum Widerruf, weil eine naturwissenschaftliche Wahrheit – so seine Meinung – keine Märtyrer brauche. Sie würde sich mit der Zeit auch gegen eine kirchliche Lehrautorität durchsetzen – womit Galilei ja schließlich Recht behalten hat.

Wie sehr die Kirche des Mittelalters, die mit Hilfe der Inquisition die Christen auf ihr Rechtgläubigkeit hin überwachte und damit das freie Denken und Forschen zu unterbinden versuchte, letztlich dem Geist Jesu Christi zuwider handelte, stellt der russische Schriftsteller Fjodor Dostojewski in seiner Legende vom Großinquisitor in seinem Buch "Die Brüder Karamasow" dar. In ihr erscheint Christus zurzeit der Inquisition erneut auf der Erde. In einer spanischen Stadt tritt er auf, und die Menschen strömen ihm zu. Als der Großinquisitor dies sieht, lässt er Jesus sofort verhaften und ins Gefängnis sperren. Der Großinquisitor besucht daraufhin Jesus in seiner Zelle und klärt ihn darüber auf, weshalb er ihn habe verhaften lassen: Jesus habe dem Menschen die Freiheit gebracht. Die Kirche aber kenne den Menschen besser. Die Freiheit überfordere den Menschen. Er könne sie nicht vertragen. Deshalb habe die Kirche dem Menschen die Freiheit wieder genommen und schreibe ihm vor, wie er zu glauben und zu leben habe.

Seine letzte Worte an den Gefangenen sind daher: "Gehe fort, Jesus, und komme nie wieder!" Als Antwort gibt Jesus dem Großinquisitor einen Kuss auf seine "blutleeren Lippen". Damit endet die Legende. Den Kuss Jesu wird man wohl so zu deuten haben, dass die Liebe Christi sich letztlich durchsetzen wird. Sie wird sich als stärker erweisen und auch die Macht und blutleere Hartherzigkeit der Inquisition überwinden.

5. Die Mystik

Die Mystik entwickelte sich im Mittelalter neben der sakramentalen Glaubenspraxis. Nicht über das Sakrament, sondern durch Askese und Kontemplation strebte man nach einer Vereinigung mit Gott bzw. mit Christus.

Schon Clemens von Alexandrien und Origenes lehrten, dass der Christ durch ein asketisches Leben und dadurch, dass er sich auf den Weg Christi einlässt, auf einer Art Stufenleiter zur Gottesschau gelangen könne. Ähnlich ging es Augustin in seiner Mystik um die Vereinigung mit Gott als dem höchsten Guten.

Im Mittelalter lehrte der Gründer des Zisterzienser-Ordens Bernhard von Clairvaux (1090-1153) eine Mystik, nach der der Christ durch Kontemplation, durch Betrachtung und Erfahrung des Mensch gewordenen und gekreuzigten Christus zur „Imitatio“ (Nachahmung) seiner Liebe gelangen könne.

Der berühmteste Mystiker des Mittelalters war Meister Eckhart (1260-1328). Gemäß seiner Lehre wird Gottes Sohn in uns Menschen „geboren". Dazu gilt es, von den Dingen dieser Welt Abschied nehmen zu können. Dies aber bedeutet nicht, sich von der Welt im Kloster abzuschließen. Gemeint ist vielmehr die Freiheit, überlegen mit den Dingen und Freuden dieser Welt umgehen zu können. Sie sollen das Leben eines Menschen nicht bestimmen, sondern der Mensch soll das Leben von innen heraus meistern und gestalten.

Für die Mystik des Mittelalters wird die von Meister Eckhart stark beeinflusste Schrift "Deutsche Theologie" bestimmend: *Alles Tun des Guten hat darin seinen Grund, dass sich der Mensch von allem Äußeren, das sein Wollen bestimmt, abwendet und so zur Abgeschiedenheit gelangt. Nur so kann er Gott ungehindert in sich wirken lassen.*

Zusammenfassend ließe sich sagen: Nicht die Schuld vor Gott steht im Vordergrund des theologischen Denkens der Mystiker, sondern die Gottesferne. Gott will nicht "versöhnt", sondern gesucht, erstrebt und letztlich erfahren werden. Er lässt sich erfahren in einem neuen Sein, das nicht mehr von äußeren materiellen Dingen und Interessen bestimmt wird. Sondern in der Liebe, die in Christus erschienen ist, gewinnt der Glaube seine Ausrichtung und Kraft.

IX. Kirche und Glaube in der Reformationszeit

1. Die Vorreformatoren John Wyclif und Johann Huss

Im weiteren Sinne sind die Albigenser, Katharer und Waldenser auch als vorreformatorische Reformbewegungen zu sehen.

Denn schon sie wenden sich ab von der zunehmend verweltlichten, dem irdischen Reichtum und Glanz und weltlicher Macht zugewandten Kirche. Auch hier schon erfolgt die Rückbesinnung auf die biblischen Ursprünge. Aber diese Reformbewegungen blieben Randerscheinungen und konnten das Gesamtgefüge der Reichskirche nicht erschüttern.

Sehr viel nachhaltiger war die Wirkung, die von John Wyclif und Johann Huss ausging.

John Wyclif lebte von 1320-1384 in England. Als Doktor der Theologie und als Pfarrer entwickelte er sich zum radikalen Kritiker seiner Kirche. Wie auch schon die französischen Reformbewegungen wandte er sich gegen den weltlichen Besitz der Kirche und forderte ein Leben gemäß dem urchristlichen Armutsideal. Wyclif kritisierte die Macht der kirchlichen Hierarchie und predigte die Nachfolge in der Demut Christi. Denn in Christus erweise sich die Gottesliebe als Nächstenliebe. Beide gehören zusammen. Sie sind für Wyclif die christlichen Grundtugenden. In der Sakramentslehre forderte er ähnlich wie später die Reformatoren eine klare biblische Begründung. Dementsprechend lehnte Wyclif die katholische Abendmahlslehre ab, wonach der Priester die sakramentale Macht hat, die Elemente Brot und Wein in den Leib und das Blut Jesu Christi zu wandeln. Die Bibel übersetzte er in die Volkssprache, um sie allen Christen zugänglich zu machen.

In seiner Rückbesinnung auf die biblischen Ursprünge des Christentums forderte Wiclif eine Wiederaufrichtung des Urchristentums. Dabei vertrat er allerdings einen gesetzlichen Biblizismus. Die Bibel verstand er als das neue Gesetz – die *nova lex*.

Johann Huss stammte aus Südböhmen und lebte in der Zeit von 1369-1415.

Im Jahr 1409 wurde er Rektor der Universität in Prag. Während seiner Tätigkeit verbreitete er die Lehre Wyclifs in Böhmen. Er predigte – ähnlich wie Luther nach ihm – gegen den Ablasshandel und gegen die päpstliche Bulle, die zum Kreuzzug gegen die Waldenser aufrief.

Mit seiner Predigt forderte Johann Huss die kirchliche Hierarchie heraus. Das führte dazu, dass der Erzbischof die Bücher John Wyclifs verbrennen ließ und Johann Huss die Lehrtätigkeit entzog. Gleichzeitig wurde er exkommuniziert und gebannt. Aber der böhmische König und das Volk standen hinter Johann Huss und schützten ihn. Aus diesem Schutz heraus appellierte

Huss an das allgemeine Konzil, das 1414 in Konstanz zusammen kam. Der Geleitbrief des böhmischen Königs sicherte ihm freies Geleit zu. Dennoch – entgegen dieser Versicherung – wurde Huss festgenommen und 1415 vor das kirchliche Gericht gestellt. Man verlangte von ihm den Widerruf seiner Lehre. Dies aber lehnte er ab, woraufhin Johann Huss am 6. Juli 1415 vor der Stadt Konstanz auf dem Scheiterhaufen hingerichtet und verbrannt wurde.

Fünf Jahre später rief der Papst mit einer Bulle zum Kreuzzug gegen die hussitischen Ketzer in Böhmen auf. Damit begann ein organisierter Kampf der Hussiten gegen den Klerus, gegen die Klöster und das deutsche Kreuzfahrerheer, das in diesem Kampf besiegt wurde.

Die Hussiten vertraten ein radikales Verständnis christlichen Glaubens. Sie lebten in Gütergemeinschaft und verwarfen jede Hierarchie. Ihre Predigt war an kein Amt gebunden, sondern dem freien Walten des Geistes überlassen. Der religiöse Eifer der Hussiten schlug jedoch bald in einen Fanatismus um, der sie dazu trieb, das Reich Gottes mit Gewalt zu verbreiten, was einem freien Waltenlassen des Geistes widersprach.

2. Martin Luther

Die Reformation, die von Martin Luther ausging, richtete sich nicht nur gegen einzelne Missstände innerhalb der katholischen Kirche. Vielmehr stellte seine Theologie und sein Kirchenverständnis das Gnaden- und Selbstverständnis der damaligen Kirche insgesamt und radikal in Frage.

Diese Radikalität Luthers lässt sich auf dem Hintergrund seines Werdegangs verstehen.

Als Sohn eines Bergmannes wurde Martin Luther 1483 in Eisleben geboren. Nach seiner Schulzeit absolvierte er zunächst ein artistisches Studium (Sprachen und Philosophie), um dann auf Wunsch seines Vaters das Studium der Jurisprudenz zu beginnen.

Auf einer Wanderung geriet er in ein starkes Gewitter. Dieses Erlebnis gab seinem Leben eine neue Wendung. Die Angst, von einem Blitz getroffen zu werden, ließ ihn das Gelübde ablegen, Mönch zu werden. Gemäß der Frömmigkeit und dem Glauben seiner Zeit beherrschte Luther die Furcht vor dem Strafgericht Gottes. Durch das Gewittererlebnis wurde ihm bewusst, wie nahe er diesem Gericht war und wie es ihn jederzeit treffen konnte, plötzlich vor den Richterstuhl Gottes treten zu müssen.

Im Kloster – in einem Leben des unbedingten Gehorsams, der Keuschheit und Armut – hoffte er der Gnade Gottes teilhaftig zu werden und damit vor dem Gericht Gottes bestehen zu können.

Luther trat in den strengen Orden der Augustiner-Eremiten ein, wo er Theologie studierte und bald ein über sein Kloster hinaus bekannter theologischer Lehrer wurde.

Aber seine Hoffnung, durch ein frommes Leben, durch strenge Zucht und Kasteiung der Gnade Gottes gewiss zu werden, erfüllte sich nicht. Die Anfechtung, die Gnade Gottes nicht zu verdienen, das Empfinden der ihm anhaftenden sündigen Gedanken und die Angst vor dem Gericht Gottes trieben Luther um und drückte ihn nieder.

In dieser seelischen Not, die auch sein theologischer Lehrer und Seelsorger Staupitz nicht lindern konnte, machte er die für sein Leben und für die damalige Kirche entscheidende theologische Entdeckung. Während der intensiven Beschäftigung mit den Römerbrief des Apostels Paulus stieß Luther u. a. auf die Stelle im 3. Kapitel, wo es heißt: „So halten wir nun dafür, dass der Mensch vor Gott gerecht wird ohne des Gesetzes Werke, allein durch den Glauben" (Röm. 3,28). Alle Menschen sind Sünder und „werden ohne Verdienst gerecht aus Gottes Gnade durch die Erlösung, die durch Christus Jesus geschehen ist" (Röm. 3,23f).

In seinem Lied "Aus tiefer Not schrei ich zu dir, Herr Gott erhör mein Rufen" (EG 299), bringt Luther die Befreiung zum Ausdruck, die ihm durch die Erkenntnis der Gnade Gottes zuteil wurde. *"Bei dir gilt nichts denn Gnad und Gunst, die Sünde zu vergeben; / es ist doch unser Tun umsonst, auch in dem besten Leben ... Darum auf Gott will hoffen ich, / auf mein Verdienst nicht bauen; / auf ihn mein Herz soll lassen sich / und seiner Güte trauen, / die mir zusagt sein wertes Wort; / das ist mein Trost und treuer Hort, / des will ich allzeit harren."*

Luther erkannte: Der Mensch hat von sich aus keine Befähigung zur Gnade. Er ist nicht in der Lage, so zu leben, dass er damit die Gnade Gottes verdient hätte. Der Mensch bleibt "in sich selbst verkrümmt" (*incurvatus in se*). Glaube heißt daher, zunächst in Demut die eigene Unzulänglichkeit und Sündhaftigkeit anzuerkennen, um aus dieser Demut (Buße) heraus dem Wort Gottes zu vertrauen, das ihn gerecht spricht.

Der Mensch wird nicht durch seine Leistung vor Gott gerecht, sondern Gottes Gerechtigkeit geschieht „sola gratia, sola fide, sola scriptura" (*allein durch die Gnade, allein durch den Glauben, allein aufgrund der Schrift*).

Luthers Kritik traf somit die Kirche in ihrem Selbstverständnis als Mittlerin der Gnade Gottes. Die Kirche Jesu Christi vermittelt nicht die Gnade Gottes. Sondern ihre Aufgabe ist es, Gottes Wort zu verkünden, das den Sünder gerecht spricht.

Die Reformation der Kirche „an Haupt und Gliedern", wie Luther sie wollte, hätte für die damalige Kirche bedeutet, ihr Selbstverständnis aufgeben zu müssen.

Welches waren die Konsequenzen der Grunderkenntnis Martin Luthers?

a. Die erste Konsequenz waren seine 95 Thesen zum Ablasshandel, die er 1517 in Wittenberg veröffentlichte. Mit ihnen rief Luther zu einer Disputation über das Verständnis der Buße und dem damit verbundenen Gnadenverständnis auf. Die Buße (die Umkehr des Menschen) kann sich nicht auf eine sakramentale Handlung beschränken und die Gnade nicht durch Bußleistungen oder gar Geldzahlungen erwirkt werden. Sondern das ganze Leben des Menschen sollte eine Buße sein. D.h. immer wieder neu ist der Mensch mit der Erkenntnis seiner Schuld und Unzulänglichkeit konfrontiert. Er bedarf deshalb immer wieder neu des Zuspruchs der Gnade. Diese wird ihm durch das Wort der Predigt und den Zuspruch des im Abendmahl geschehenden Wortes Jesu Christi zuteil.

b. Die Autorität der Gnadenvermittlung hat nicht der Priester oder die Kirche als sakramentale Heilsanstalt. Sondern Autorität kommt allein der Heiligen Schrift zu und dem in ihr offenbaren Werk Jesu Christi. Der Glaubende bedarf daher keines kirchlichen Lehramtes als Gnadenvermittlung. Sondern Gottes Gnade wird durch das Wort der Predigt verkündigt und in Taufe und Abendmahl gefeiert. Jeder Christ ist streng genommen ein Priester (Luther spricht hier vom “Priestertum aller Gläubigen”!). Allerdings bedarf die Wortverkündigung einer geordneten Ausbildung und Berufung, wie Luther in der Auseinandersetzung mit den “Schwärmern” bald erkennen musste.

c. Damit ändert sich auch das Sakramentsverständnis. Da durch das Neue Testament nur zwei Sakramente (Taufe und Abendmahl) belegt sind, braucht es keine zusätzlichen in der kirchlichen Tradition entstandenen Sakramente (Buße, Firmung, Ehe, Priesterweihe und Bestattung). Diese zusätzlichen Sakramente werden nun Segenshandlungen, durch die Gottes Gnade und Segen als Zuspruch vermittelt wird.

Auch Taufe und Abendmahl bewirken Gottes Gnade nicht dadurch, dass der Priester die Handlung als Sakrament vollzieht, indem er z.B. im Abendmahl die Wandlung von Brot und Wein in den Leib und das Blut Christi vornimmt und das Opfer Jesu “unblutig” nachvollzieht. Sondern die Sakramente werden allein durch das in ihnen verkündigte Wort zu einer “heiligen Handlung”. Im Wort-Geschehen des Abendmahls oder der Taufe ist Christus gegenwärtig.

d. Wenn der Mensch allein durch das Wort des Evangeliums gerecht wird, kann es daher auch keinen besonderen Stand der Gnade oder Heiligkeit geben, der durch ein besonders frommes Leben als Mönch oder Nonne erreicht wird. Jede weltliche Arbeit, die der Gemeinschaft zugute geschieht, ist “Gottesdienst". Jeder Christ verrichtet als im Glauben Gerechtfertigter in seinem Stand und Beruf seinen Dienst als "Gottes-dienst". Das gilt nach Luther auch für die Arbeit, die die Magd im Stall verrichtet.

Luther trat daher aus dem Orden der Augustiner-Eremiten aus und verließ das Kloster. Auch um ein Zeichen dafür zu setzen, dass der Ehestand gegenüber dem geistlichen Stand gleichwertig ist, heiratete Luther 1525 Katharina von Bora, eine aus ihrem Kloster entlaufene Nonne.

e. Im Zentrum der Theologie Luthers steht die Lehre vom Wort Gottes und damit zusammenhängend seine Unterscheidung zwischen Gesetz und Evangelium.

Das Wort, das von Gott kommt, ist grundsätzlich ein Wort des Glaubens. Es ist der Zuspruch des Evangeliums, der den Menschen vor Gott gerecht sein lässt. Gegen alle Anfechtung der Unzulänglichkeit und der Schuld empfängt der Mensch den Zuspruch, ein von Gott geliebter und gesegneter Mensch zu sein. Dieses Wort kann sich der Mensch nicht selbst sagen, sondern er kann diese Gnade nur als Wort, das von außen an ihn gerichtet ist (als ein Wort "extra nos") hören und glaubend annehmen.

Dagegen hat das Wort, das der Mensch sich selbst zuspricht, gesetzlichen Charakter. Es fordert ihn heraus, etwas tun zu müssen, um vor anderen, vor Gott und in dieser Welt zu bestehen. Es dient der Selbstrechtfertigung und dem eigenen Ruhm und ist damit letztlich ein "böses versagendes Wort", weil Selbstrechtfertigung und Ruhm letztlich in die Depression und Verzweiflung führen.

Allerdings: Das Gesetz – die Gebote und menschliche Gesetze – sind notwendig um der Ordnung willen. Sie schützen menschliches Leben und bewahren es vor dem Chaos. Sie schaffen Gerechtigkeit, die dem Schwächeren sein Lebensrecht gegenüber dem Stärkeren bewahrt. Sie können aber kein Heil bewirken, das zu einem inneren Frieden – zum Frieden vor Gott – führt.

Diesen inneren Frieden, der uns gut sein lässt, gewährt uns das Wort Gottes als Evangelium.

Die Notwendigkeit dieses Zuspruchs erfährt der Mensch, wenn er angesichts der Forderungen der Gebote und Gesetze seine Unzulänglichkeit und Schuld erfährt.

Wenn der Mensch durch den Zuspruch des Evangeliums seinen inneren Frieden findet, sich sein Gut-sein zusprechen lässt, dann werden seine Werke auch gut. D.h. sein Tun und Lassen dient nicht mehr dem eigenen Ruhm, der Selbstsucht, sondern dient der Sache, um die es geht. Sein Tun wird gut, weil es selbstlos aus dem Glauben kommt.

Der Mensch, der sich sein Gutsein von Gott zusprechen lässt, wird somit ein freier Mensch. Er ist nicht mehr abhängig vom Wohlwollen anderer Menschen. Er ist nicht mehr dem Gesetz des Ruhms untertan. Daher: "Der Christ ist ein freier Herr aller Dinge und niemandem untertan!" Gleichzeitig aber gilt im Sinne des Liebesgebotes: "Der Christ ist ein dienstbarer Knecht und jedermann untertan."[49]

f. Entsprechend der Unterscheidung zwischen Gesetz und Evangelium unterscheidet Luther in seiner "Zwei-Reiche-Lehre" zwischen dem Reich ziviler Herrschaft und dem Reich Gottes.

Im ersten regiert die staatliche Gewalt mit ihrer Ordnung und ihren Gesetzen. Im Reich Gottes regiert das Wort, nicht die Gewalt. Beide Reiche sind aufeinander bezogen. Das weltliche Reich ist die von Gott verordnete Obrigkeit, die Gott zu "seiner Linken" – zum Wohl des Volkes – eingesetzt hat. Auch sie bedarf des Wortes Gottes, damit ihr Recht und ihre Ordnung dem Frieden und der Gerechtigkeit dienen. Andererseits braucht das Reich des Wortes Gottes den staatlichen Schutz, um sich frei entfalten zu können.

Was aber geschieht, wenn staatliche Macht dem Unrecht dient, wenn Menschen benachteiligt oder unterdrückt werden? In der Auseinandersetzung mit Thomas Müntzer und spä-

---

[49] Martin Luther in seiner Schrift: „Von der Freiheit eines Christenmenschen".

ter während der Bauernkriege, in denen die Bauern ihr Recht und ihre Freiheit einforderten und erkämpften, stand Luther auf der Seite der staatlichen von Gott verordneten Ordnung. Während Thomas Müntzer die Lehre vertrat, Christen sollten sich – wenn nötig – gewaltsam gegen staatliches Unrecht zur Wehr setzen, und deshalb hinter dem Aufstand der Bauern stand, geißelte Luther den Bauernaufstand als Aufruhr gegen die von Gott gesetzte Obrigkeit. Gegen das Unrecht sollten Christen allein mit dem Wort kämpfen und notfalls das Unrecht erleiden. Sein Motto: "Non vi, sed verbo" – *Nicht durch Gewalt sondern durch das Wort!* Der "Aufruhr", der aktive gewaltbereite Widerstand hingegen muss vom Staat mit allen Mitteln niedergeschlagen werden, um die Autorität der staatlichen Macht zu erhalten.

Mit der gleichen Argumentation hat Luther sich auch gegen die so genannten Schwärmer und Bilderstürmer gewandt, die die Erneuerung der Kirche nach reformatorischen Grundsätzen mit Gewalt erzwingen wollten. So sehr Luther gegen das katholische Gottesdienstverständnis gepredigt hat, so sehr warnte er davor, eine neue Gottesdienstordnung gegen den Willen der Gemeinde zu verordnen.

g. Dem Verlauf der von Luther angestoßenen Reformation soll hier nicht im Einzelnen nachgegangen werden.

Entscheidend für ihren Fortgang war, dass Luther seinen Landesherrn, Friedrich den Weisen, und weitere deutsche Fürsten für seine Sache gewinnen konnte. Die politische Konstellation begünstigte die Ausbreitung der Reformation.

Wäre Luther von Friedrich dem Weisen nicht geschützt worden, der ihn nach dem Reichstag zu Worms – nachdem er vom Papst gebannt und vom Kaiser geächtet war – auf der Wartburg in Gewahrsam nahm, wäre er wie Johann Huss als Ketzer zum Feuertod auf dem Scheiterhaufen verurteilt worden.

Unter dem Schutz der Landesherren, die sich für die Sache Luthers entschieden hatten, konnte sich die Reformation in Deutschland und darüber hinaus in Europa ausbreiten.

Da die Landesherren die Reformation zu ihrer Sache machten, bildete sich als problematische Folge das so genannte landesherrliche Kirchenregiment heraus. Der Landesherr wurde Oberhaupt der jeweiligen Landeskirche, wobei seine Untertanen dann auch die Konfession des Landesherrn anzunehmen hatten. Wem das Regiment gehörte, der hatte auch über die Religion zu bestimmen – "cuius regio, eius religio". Aus der von Luther ursprünglich gepredigten Freiheit des Glaubens wurde wieder ein Glaubenszwang – nun unter lutherischlandesherrlichem Vorzeichen. Wer sich nicht dem lutherischen Bekenntnis unterordnen konnte, wie die Wiedertäufer und Mennoniten, die anstelle der Kindertaufe die Erwachsenentaufe forderten, musste das Land verlassen, wurde gewaltsam vertrieben!

3. Erasmus von Rotterdam und der Humanismus

Die von Martin Luther ausgehende Reformation hatte nicht nur ihre Vorläufer in Wyclif und Huss, sondern sie wurde auch mitbestimmt und ermöglicht durch die sich in Europa ausbreitende geistige Bewegung des Humanismus.

Das freie Streben nach Erkenntnis und die Bildung des Menschen in der Kunst und Philosophie standen im Zentrum dieser Bewegung. Damit verband sich der Humanismus mit den geistigen Grundlagen und dem Menschenbild des klassischen Altertums und des Christentums zu einer christlichen Philosophie, die von der Frage nach dem wahren, echten Menschsein geleitet wurde

Der wichtigste Repräsentant dieser philosophisch-religiösen Bewegung war im 15./16. Jahrhundert Erasmus von Rotterdam. Er lebte von 1469-1536. Während seines Studiums in Paris setzte er sich mit der mittelalterlichen Scholastik und dem mönchischen Frömmigkeitsideal auseinander. In Italien geriet er dann unter den Einfluss des humanistischen Bildungsideals und seiner Frömmigkeit. Aus dieser Sicht entwickelte Erasmus eine "Philosophie Christi".

Ihr Kerngedanke: Das Gute ist als Naturgesetz im Menschen angelegt. Es muss geweckt und zur Vollkommenheit gebracht werden. Dies geschieht durch die Person Jesu Christi. Der Mensch ist von dem, was für ihn und seinen Mitmenschen gut ist, abgefallen. Mit Jesus Christus – mit seinem Liebesgebot – wird er wieder zu dem, der er ursprünglich sein sollte. Er wird ein Mensch, der nicht nur ein gutes Leben für sich selbst lebt oder anstrebt, sondern das Gutsein als ein Leben für andere entdeckt.

Das Leitbild für diesen "wiederhergestellten Menschen" ist – wie gesagt – das Leben Jesu Christi. Erasmus nennt ihn den „christus purus", den wirklichen oder reinen Christus. Damit orientiert sich Erasmus nicht wie Luther am Opfertod Jesu am Kreuz und dem paulinischen Gegensatz von Sünde und Gnade, sondern an den Geboten der Bergpredigt Jesu. Das erasmische Denken wird hier von der neuplatonischen Philosophie und der Theologie Augustins bestimmt. Aus seinem "fleischlichen", ich-bezogenen Streben steigt der Mensch auf zu einem vom Geist Jesu geleiteten Leben. Der Glaube wird nicht von der Frage geleitet: "Wie bekomme ich einen gnädigen Gott?", sondern von der Frage: "Was heißt es, wahrhaft als Mensch zu leben?" Im Sinne des Geistes Jesu gilt es, den Menschen zu bilden und zu erziehen.

Erasmus begreift die Heilsgeschichte Gottes somit als eine groß angelegte "Erziehung des Menschengeschlechts". Gottes Reich ist primär nicht das jenseitige Paradies, sondern das allgemeine irdische Friedensreich. Es wird verwirklicht durch christliche Bildung und Toleranz.

In der Sakramentslehre geht es Erasmus nicht um eine sakramentale Heilsvermittlung durch priesterliches Handeln. Vielmehr ist die Eucharistie ein Symbol der Gemeinschaft mit Christus. Der Gläubige empfängt die Gnade Gottes, indem er zur christlichen Gesinnung findet.

4. Die Schweizer Reformatoren Zwingli und Calvin

Bei Zwingli und Calvin wurde die Wende zum reformatorischen Glauben nicht durch eine grundlegende Erfahrung ausgelöst, wie Luther sie erlebt hatte. In beiden Fällen ging es vielmehr um einen längeren theologischen und philosophischen Prozess, der bei Zwingli stark durch den Humanismus und bei Calvin durch die Begegnung mit reformatorischer Theologie beeinflusst war.

a. Ulrich Zwingli (1484-1531) wurde in Wildhaus in der Schweiz geboren. Er studierte in Wien und Basel und setzte sich dort mit der scholastischen Theologie auseinander. Im Besonderen waren es dann die Schriften des Erasmus von Rotterdam und sein Besuch bei Erasmus, der ihn zum Reformator werden ließ.

Nach seiner Weihe zum Priester und verschiedenen Predigtstätten wurde Zwingli 1518 Priester am Großmünster in Zürich. 1525 ist auf Zwinglis Betreiben der Evangelische Gottesdienst in Zürich durch den Rat der Stadt eingeführt worden.

Die Theologie Zwinglis ist zunächst in der Tradition verwurzelt. Die Bedeutung des Kreuzestodes Jesu wird nach der Anselmschen Satisfaktionslehre gedeutet, und ähnlich wie Luther gilt auch für Zwingli, dass der Mensch allein durch Gottes Gnade gerecht gesprochen wird.

Aber im Unterschied zu Luther betont Zwingli mit Erasmus von Rotterdam stärker die Lehre Christi, wie sie in den Evangelien zum Ausdruck kommt. Der Glaube ist aufs Engste mit dem Tun verbunden. Mit seiner Lebenshingabe ist Christus "unser Hauptmann" geworden. Ihm gilt es, im Sinne seines Liebesgebotes nachzufolgen. Das Gesetz Christi gehört wie die Vergebung zum Heil dazu. Gott ist nicht so sehr der Richter, sondern (nach Augustin) das höchste Gute („summum bonum"). Sein Wille ist das Tun des Guten und Gerechten. Allein Christus lehrt uns, wie wir Gottes Willen erfüllen können. Nicht nur sein Opfertod am Kreuz, sondern ebenso sein Leben und seine Lehre gehören zur Offenbarung seiner Gottheit.

Anders auch als Luther dringt Zwingli sehr entschieden auf die Reform und Neugestaltung des Gottesdienstes. In den Mittelpunkt rückt die Predigt als Zuspruch der Gnade aber auch als Lehre und Anweisung im Sinne des Gesetzes Christi. Der Altar als Symbol für das Sakrament des Opfers Jesu verschwindet aus der Kirche. Der Glaube soll allein auf das Wort der Predigt gerichtet sein und sich im Gebet an Gott wenden. Alles Sinnliche, das den Glaubenden vom Geistigen ablenkt, wird aus dem Gottesdienst verbannt. Dazu gehören auch die Bilder in der Kirche und der Gesang im Gottesdienst.

Ebenfalls im Unterschied zur lutherischen Reformation ist die Reformation Zwinglis nicht so sehr individuell auf das Gewissen des Einzelnen, sondern stärker politisch ausgerichtet.

Es geht ihm um die "christliche Stadt". Die Reformation Zwinglis bekommt somit einen theokratischen Zug. Die Reform der Kirche muss auch die Erneuerung des Staates bewirken.

Und – für Luther wohl auch undenkbar – : Die Obrigkeit ist nicht einfach von Gott verordnet. Wenn sie dem Willen Gottes zuwider handelt, hat das Volk das Recht zum Widerstand und das Recht z.B. einen König abzuwählen.

b. Johannes Calvin (1509-1564) wurde in Noyon in Frankreich geboren. Während seines Studiums – zunächst der Jurisprudenz – in Paris kam er mit der protestantischen Bewegung in Berührung. Er wurde nun Theologe. Seine innere Wandlung zum Reformator vollzog sich nach eigenem Zeugnis über einen längeren Zeitraum durch die Einflüsse Luthers und anderer reformatorischer Theologen.

Calvins Weg zum Reformator begann in Basel. Hier vollendete er sein Hauptwerk, die "Institutio", ein groß angelegter Katechismus reformatorischer Lehre. Ziel dieses Werkes ist es, die Menschen im biblischen Glauben zu unterrichten und sie zu christlicher Sittlichkeit zu erziehen. Letztlich zielt es auf eine Kirchenordnung ab, die das Leben der Christen nach biblischen Grundsätzen regelt.

Calvin erhielt dann einen Ruf nach Genf, um hier eine von ihm entworfene evangelische Kirchenordnung einzuführen. Als diese dem Rat der Stadt vorgelegt wurde, fand sie zunächst keine Zustimmung. Sie war dem Rat zu streng, und man fürchtete eine zu große Beschränkung der Freiheit. Daraufhin verließ Calvin Genf, um nach einigen Jahren aber erneut gerufen zu werden. Jetzt konnte er seine Kirchenordnung durchsetzen.

“Institutio” und Kirchenordnung markieren das Besondere der Theologie Calvins. Es geht ihm um die Erkenntnis Gottes und die Ordnung, die aus dieser Erkenntnis folgt.

Erkenntnis Gottes ist nur durch das Wort Jesu Christi möglich. Und dieses Wort ist einerseits Verheißung als Gnadenzuspruch, aber gleichzeitig auch Gesetz. Ähnlich wie Zwingli orientiert sich Calvin an der Bergpredigt Jesu. In besonderer Weise betont Calvin den “usus praecipius” – den wichtigsten Gebrauch des Gesetzes: das Gesetz als Anleitung für den Christen, wie er als Erlöster in der christlichen Freiheit zu leben hat.

Insgesamt gilt: Gottes Gnade ist nicht ohne das Gesetz zu denken, das den Christen anleitet, in der Gnade zu leben.

Somit mündet Calvins Theologie in der Lehre von der Kirche, d.h. in der Lehre, wie Kirche als Gemeinde zu ordnen ist. Dieser Ordnung muss sich der Christ einfügen.

Wie für Luther sind auch für Calvin Predigt und Sakrament konstitutiv für das, was Kirche sein will. Dem Sakrament wird dabei jede sakramentale Selbstwirksamkeit abgesprochen. Die Gegenwart Christi geschieht durch den Geist, den das Wort vermittelt. Calvin versteht das Abendmahl daher als Zeichenhandlung. Brot und Wein “sind” nicht Leib und Blut Jesu Christi, sondern sind Zeichen für den Leib und das Blut Jesu Christi.

Zum Dienst am Wort gehört für Calvin der Dienst der Kirchenzucht und die Diakonie als Dienst an den Armen. Die Predigt allein – so könnte man sagen – tut es nicht. Anders als in der lutherischen Kirche, in der jeweils der Landesherr der Kirche vorsteht, soll nach Calvin die Kirche unabhängig vom Staat sein. Ihre Leitung wird durch das Presbyterium der Kirchenältesten wahrgenommen.

Der staatlichen Obrigkeit soll der Christ zwar Gehorsam leisten. Aber er soll auch Widerstand leisten, wenn der Staat den Ungehorsam gegen Gott fordert.

Somit richtet sich für Calvin die Theologie auf die praktisch-ethische Gestaltung nicht nur der Kirchengemeinde, sondern auch des Staates aus. Ähnlich wie bei Zwingli wird hier eine theokratische Tendenz erkennbar. Sie führte in Genf dazu, dass Calvin ein strenges Regiment nach christlichen Grundsätzen und Verordnungen durchsetzte, wobei die Übertretung oder Nichteinhaltung der Ordnung durch Strafen sanktioniert wurde.[50]

Die Reformation nach der Lehre Calvins breitete sich vor allem in Frankreich und in vielen anderen Ländern Westeuropas aus. Sie hatte ihre Kraft darin, sich nicht nur auf das Gewissen des Einzelnen, sondern auch auf die Veränderung der Gesellschaft auszurichten. Aber der Wille zur praktischen Gestaltung einer christlichen Gesellschaft führte auch zu einem Überwachungssystem. Aus der "Freiheit eines Christenmenschen", wie Luther sie predigte, wurde eine Gesetzlichkeit, die diese Freiheit wieder zunichte machte.

Calvins Handeln spiegelt den Geist des 16. Jahrhunderts, der sich als Eifer um den "rechten Glauben" darstellte. Er war ein Geist der Intoleranz. Er führte zu den konfessionellen Streitigkeiten zwischen Lutheranern und Reformierten und zu blutigen Konfessionskriegen zwischen protestantischen und katholischen Staaten, die schließlich in den 30-jährigen Krieg mündeten.

---

[50] In seinem Buch "Castellino gegen Calvin" schildert Stefan Zweig, wie Calvin mit harter Hand als geistliches und weltliches Oberhaupt die Stadt Genf regiert und wie seine Kirchenordnung das Leben der Bürger bis in den letzten Winkel hinein überwacht . Der Humanist Sebastian Castellino, Professor in Basel, führt einen vergeblichen Kampf gegen diese religiöse Gewalt. Stefan Zweig hat das Buch 1936 angesichts des aufkommenden Gewaltregimes des NS-Staates geschrieben. Es sollte ein Mahnmal gegen diese ideologische Gewalt sein. In seinem Vorwort schreibt Stefan Zweig: "Die immer wieder notwendige Abgrenzung zwischen Autorität und Freiheit bleibt keinem Volke, keiner Zeit und keinem denkenden Menschen erspart. Denn Freiheit ist nicht möglich ohne Autorität – sonst wird sie zum Chaos, und Autorität nicht ohne Freiheit – sonst wird sie zur Tyrannei."

X. Kirche und Glaube zu Beginn der Neuzeit

Unter dem "Beginn der Neuzeit" soll die Zeit vom ausgehenden 16. Jahrhundert bis ins 18. Jahrhundert hinein verstanden werden.

Sie beginnt mit dem Augsburger Religionsfrieden im Jahre 1555. Mit ihm wurde das evangelische Bekenntnis als gleichberechtigt neben dem katholischen anerkannt – zunächst allerdings nur als vorübergehende Lösung.

Erst mit dem Westfälischen Frieden im Jahre 1648, der den 30-jährigen Krieg beendete, wurde diese Gleichberechtigung als endgültig anerkannt. Das Christentum im Deutschen Reich spaltet sich damit in drei Konfessionen auf – in die katholische, lutherische und reformierte.

In den protestantischen Ländern wurde das landesherrliche Kirchenregiment eingeführt. Der Landesherr als die oberste Instanz auch der jeweiligen Landeskirche hatte als absoluter Herrscher über die Rechtgläubigkeit seiner Untertanen zu wachen. Kirche und Staat, Thron und Altar waren somit aufs engste miteinander verbunden.

"Neu" wurde diese Zeit durch die in dieser Zeit sich verselbständigende Wissenschaft, die mit dem neuen kopernikanischen Weltbild einherging.

1. Die altprotestantische Orthodoxie

Mit der Entstehung des landesherrlichen Kirchenregiments wurde die Rechtgläubigkeit wichtig für die Einheit des jeweiligen Staates. Als Maßstab musste der "rechte Glaube" in einer festen Lehre verfasst sein. Während hierfür in den lutherischen Ländern der allein maßgebliche Theologe Luther war, wurde es für die Reformierten Calvin.

Aus der Botschaft der Reformatoren entstand ein Lehrgebäude bzw. ein Streit um die rechte Lehre. War für Luther das "Wie" des Glaubens wichtig, der Glaube als Vertrauen in das Wort, das den Sünder vor Gott gerecht spricht, geht es nun in erster Linie um das "Was", um den Gegenstand des Glaubens. Wie ist die Rechtfertigung als Lehre genau zu fassen und zu bestimmen? In welcher Weise ist Christus im Abendmahl gegenwärtig?

In der Lehre vom Wort Gottes spielte die Autorität der Heiligen Schrift eine große Rolle. Sie wurde mit der Lehre der "Verbalinspiration" begründet. Danach führte der Heilige Geist den Autoren der biblischen Schriften die Feder bzw. diktierte ihnen die Worte ihrer Schriften. Somit wurde jeder Satz der Bibel zum Wort Gottes erklärt.

Für Luther galt als Auslegungsprinzip biblischer Schriften das, was "Christum treibet". D.h. die Bibel ist im Sinne der Wahrheit Jesu Christi auszulegen. Das bedeutete auch, die einzelnen Schriften im Sinne dieser Wahrheit kritisch zu lesen und zu werten. Mit der Lehre von der Verbalinspiration aber verbietet sich eine kritische Sicht der Bibel. Denn jeder Satz ist als Gottes Wort zu verstehen. Damit wurde dem Streit um das wörtliche Verständnis biblischer Aussagen Tür und Tor geöffnet.

Dieser Disput um den "rechten Glauben" wurde vor allem zwischen den damaligen lutherischen Universitäten Wittenberg und Jena ausgetragen. Die gegenseitige Polemik schlug sich in zahllosen Streitschriften nieder.

2. Gesungener Glaube

Der Streit der Theologen um den rechten Glauben wird das theologisch nicht gebildete Gemeindeglied wenig berührt haben und von ihm auch kaum verstanden worden sein.

Dagegen hat sich evangelischer Glaube in bis dahin noch nicht da gewesener Weise lebendig in der Poesie des evangelischen Kirchenliedes zum Ausdruck gebracht und verbreitet.

Der Gesang trat gewissermaßen in den Dienst der Verkündigung. Es galt, das neu entdeckte Evangelium von Gottes Gnade singend zu verkündigen bzw. im Gesang aufzunehmen.

Luther selbst war einer der bedeutendsten Kirchenliederdichter. Und nach ihm waren es neben vielen anderen vor allem die Lieder Paul Gerhardts, die bis heute zum Kernbestand evangelischen Liedguts gehören.

Zu allen Bereichen des Glaubens wurden Lieder gedichtet, komponiert und gesungen:

- Lieder, die zum Hören des Wortes Gottes auffordern;
- liturgische Lieder für den Ablauf des Gottesdienstes;
- Lieder zur Taufe, Konfirmation und zum Abendmahl ;
- Lieder als Lobpreis der Güte und Gnade Gottes und als Dank für seine Güte und Barmherzigkeit;
- Lieder, in denen die Rechtfertigung aus Gnaden, die durch das Opfer Jesus Christi geschehen ist, besungen wird;
- Lieder, in denen die Not und Anfechtung vor Gott gebracht wird und in denen das Vertrauen, in Gott geborgen zu sein, zum Ausdruck kommt;
- Lieder, die zur Umkehr und Nachfolge auffordern;
- Lieder für Tages- und Jahreszeiten und für die Erhaltung der Schöpfung;
- Lieder, die den Glauben angesichts der Vergänglichkeit und des Sterbenmüssens zum Ausdruck bringen.

Erkennbar sind viele Lieder auf die jeweilige Zeit bezogen, in der sie entstanden sind.

In der Zeit nach der Reformation ging es immer wieder um die Erhaltung der Kirche und des rechten Glaubens. In der Zeit des 30-jährigen Krieges, in Zeiten der besonderen Not und Bedrängnis überwogen die Kreuz- und Trostlieder. Angesichts des Elends dieser Welt thematisierten die Lieder ein seliges Sterben als Erlösung aus dem Jammertal dieser Welt.

Der Glaube sollte Kraft und Trost vermitteln, die schweren Zeiten zu bestehen.

3. Aberglaube und Hexenwahn[51]

Über das Kirchenlied hat reformatorischer Glaube die Herzen der Menschen erreicht und bewegt. Andererseits aber ver-

---

[51] Rolf Hellmut Foerster, Die Welt des Barock, RVG 1970.

quickte sich in der Zeit des 17. und 18. Jahrhunderts der Glaube mit der Abart des Glaubens, dem Aberglauben. Naturerscheinungen und Naturkatastrophen wurden als Boten des Unheils, als Zeichen satanischer Mächte gedeutet. Wo immer unerklärliche, schlimme Ereignisse geschahen, sah man böse Geister, sah man den Teufel am Werk.

Dabei geschah es schnell, dass bestimmte Menschengruppen – z.B. die Juden – zu Sündenböcken erklärt wurden. Es war leicht, sie aufgrund ihres jüdischen Glaubens für alle möglichen Unglücke oder Missgeschicke verantwortlich zu machen und in ihnen den Teufel am Werk zu sehen.

Für viele Menschen trat der Teufelsglaube gleichsam an die Stelle des Christusglaubens.

Der Theologe Thomasius, der sich in seinen Schriften gegen den Aberglauben wandte, brachte die Stimmung der Zeit auf den Punkt, wenn er feststellte, in der Reformation habe es geheißen: *Wer Christus leugnet, der leugnet Gott*. Dagegen heiße es heute: *Wer den Teufel leugnet, der leugnet Gott.* In besonderer Weise äußerte sich der Aberglaube im Hexenwahn und in der Hexenverfolgung.

Wie mag es dazu gekommen sein, dass Frauen als Hexen stigmatisiert und verurteilt wurden? Hing es damit zusammen, dass sie ein besonderes Wissen, z.B. über Heilkräuter, besaßen? Ein Wissen, das sie für viele Menschen unheimlich werden ließ?

Tatsache ist, dass Frauen in heute nicht vorstellbarer Weise als Hexen denunziert werden konnten, wenn ihr Verhalten merkwürdig oder ungewohnt war oder wenn sich ein Unglück ereignete, das man einer Frau anlasten konnte.

Um die Denunziation zu erleichtern und den Denunzianten zu schützen, wurden in den Kirchen Kästen – so genannte „Hexenstöcke – aufgestellt, in die man anonym Zettel einwerfen konnte, auf die der Name und die Taten einer Frau, von der man glaubte, sie als Hexe bei ihrem Tun beobachtet zu haben, eingetragen waren. Solche Anschuldigungen reichten aus, um eine Frau vor Gericht zu stellen. In der Regel wurde dann durch hochnotpeinliche Befragung ein entsprechendes Geständnis erzwungen.

Schon seit dem 16. Jahrhundert gab es die Todesstrafe für überführte Hexen. Frauen, die der Hexerei für schuldig befunden waren, wurden auf dem Scheiterhaufen hingerichtet. Die erzwungenen Geständnisse führten in der Regel dazu, dass weitere Frauen der Hexerei beschuldigt wurden, und sich damit die Zahl der hingerichteten Frauen beständig erhöhte. Allein in der Stadt Leipzig wurden in jener Zeit 20.000 Todesurteile gegen Hexen vollstreckt.

Der Teufels- und Hexenglaube breitet sich in den protestantischen Ländern genauso aus wie in den katholischen. Der Glaube an Gottes Gnade, an die Rechtfertigung des Sünders, konnte gegen diesen Wahn des Aberglaubens offensichtlich nichts ausrichten.

Erst die Aufklärung, als menschliches Handeln und Denken mehr und mehr zur Vernunft kam, machte dem Hexen- und Teufelsglauben ein Ende.

4. Das neue Weltbild und das Aufkommen wissenschaftlichen Forschens[52]

Sosehr das Leben der Menschen des 17. und 18. Jahrhunderts durch Aberglauben, durch Krieg und Seuchen bestimmt war, so war diese Zeit andererseits auch der Beginn einer neuen Weltsicht und einer neuen Weise, sich der Welt zu bemächtigen.

Das bisherige Weltbild des Ptolemäus, wonach die Erde als Mittelpunkt des Universums verstanden wurde und sich der Himmel mit den Gestirnen als Wohnung Gottes und der Engel über die Erde wölbte, wurde durch die Entdeckung des Kopernikus infrage gestellt. Demnach war die Erde nur ein Planet neben anderen Planeten, die um die Sonne kreisten! Auch der Mensch stand nicht mehr im Mittelpunkt als Krone der Schöpfung, sondern wurde ein winziges Staubkorn in der Unendlichkeit des Weltalls.

---

52 Im Folgenden beziehe ich mich auf die Geschichte der neueren Evangelischen Theologie von Emanuel Hirsch, Bd. I.

Johannes Keppler, der die Forschung des Kopernikus fortsetzte, war ursprünglich protestantischer Theologe, wurde dann aber Astronom. In seinem 1609 erschienenen Buch *Astronomia nova* untersucht und berechnet er die Bahnen der Planeten. Für ihn ist der Kosmos keine vom göttlichen Wesen beseelte Welt, sondern eine Maschine, eine Art Uhrwerk, in dem alle Bewegungen von einer materiellen Kraft verursacht sind. Uhrwerk und Maschine werden die Bilder der neuen Naturwissenschaft.

Galileo Galilei setzte die Forschung Kepplers fort. Die Erfindung des Fernrohrs kommt ihm zugute. Mit ihm beobachtet er den Mond und entdeckt, dass die Oberfläche des Mondes ebenfalls aus Materie – ähnlich der irdischen – besteht. Für ihn ist nun erwiesen, dass alle Gestirne von gleicher Materie wie die Erde sind. Die bisherige Trennung zwischen der ewigen Vollkommenheit des Himmels und der Vergänglichkeit auf Erden, wie Aristoteles sie lehrte, ist damit erledigt.

Das neue Weltbild bedeutete einen Schock für das bisherige Weltverständnis. Denn es stellte die traditionelle Metaphysik, den Glauben an eine jenseitige Welt, infrage.

Das bisherige ptolemäisch-aristotelische Weltbild bot dem Menschen "eine geschlossene klare Weltsicht von großer Tiefe" (E. Hirsch). Es hatte die Christenheit durch Jahrhunderte hindurch bestimmt. In der Mitte des Weltalls steht die Erde mit dem Menschen als Ebenbild Gottes. Die Welt hat ihren Anfang in der Schöpfungstat Gottes. Die Geschichte der Menschheit wiederum wird in ihrem Anfang durch den Sündenfall gezeichnet. In der Mitte der Zeit wird der Mensch durch die Erlösungstat Jesu Christi erlöst. Und schließlich läuft die Geschichte auf das Ende der Welt im Endgericht Gottes zu.

So gewährte das alte Weltbild eine einfache und sinnerfüllte Zusammenschau aller vorhandenen Erkenntnis. Es gab im Grunde nichts Neues zu erkennen oder zu erforschen. Denn das mittelalterliche Weltbild gewährte eine leichte und selbstverständliche Einheit von Wissen, Frömmigkeit und Sittlichkeit. Wissenschaft und christliches Urteil stimmten überein.

Die Revolution des Kopernikus bedeutete daher ein "Erdbeben", das die Grundlagen des Denkens und Glaubens zutiefst erschütterte.[53] Verständlich, dass die Kirchen sich gegen das Aufkommen des neuen Weltbildes zur Wehr setzten – einfach schon deshalb, weil es dem biblischen Schöpfungsbericht nicht entsprach. Außerdem konnte es leicht entkräftet werden, da es ja dem Augenschein und der alltäglichen Erfahrung widersprach. Selbst Luther urteilte abfällig und verständnislos über die Entdeckung des Kopernikus: "Der Narr will die Kunst der Astronomie umkehren!" Aber während der Papst die kopernikanische Lehre 1616 als Ketzerei verurteilte, gewährte der Protestantismus der kopernikanischen Lehre „Unterschlupf" (E. Hirsch). An der protestantischen Universität Wittenberg durfte im Sinne der kopernikanischen Lehre geforscht werden.

5. Das neue Staatsrecht

Während die Kirche des Mittelalters und auch die der Reformationszeit das Denken auf das ewige Heil ausrichtete und von festen vorgegebenen Glaubensnormen bestimmt sein ließ, setzte sich nun das menschlich Vernünftige als das allgemein Verbindliche durch.

Vor allem die Lehrstreitigkeiten der Konfessionen, die das Zusammenleben der Menschen gefährdeten und die europäischen Völker in den schrecklichen 30-jährigen Krieg gestürzt hatten, ließen das Verlangen nach einem Denken entstehen, das den kirchlichen Glaubenssätzen überlegen ist.

Das menschliche Leben hier auf der Erde sollte sein eigenes Recht und seine eigene Bedeutung erhalten. Die staatliche Obrigkeit sah man in der Pflicht, für dieses Gemeinwohl zu sorgen. Sie sollte den Eifer der Kirchen in Schranken halten und die „Staatsraison" – also das, was den Staatsbürgern nützt – als das Verbindende zur Geltung bringen.

Die rationale Erforschung der Welt entwickelte sich bereits zu einer selbständigen europäischen Wissenschaft. Nun galt es,

---

[53] E. Hirsch, a.a.O., S. 128ff.

auch mit den Mitteln der Vernunft die Wahrheit als allgemeine Grundlage für das Sittliche und Religiöse zu finden.

a. Der Niederländer Hugo Grotius (1583-1645) war der erste, der eine vernünftige Grundlage für das Staatsrecht und damit für das Zusammenleben der Menschen schuf.

Diese Grundlage sah er (ähnlich wie Erasmus von Rotterdam) im Naturrecht. In der Natur des Menschen liegt für ihn ein ewiges unveränderliches natürliches Recht begründet. Denn von der Natur her ist der Mensch so geschaffen, dass er sein Zusammenleben nach bestimmten Gesetzen regelt, weil sie ihm sein Überleben sichern. Dieses natürliche Recht gilt für jedes Volk und jede Religion. So entwickelte Grotius die Idee und Vorstellung eines allgemeinen Menschen- und Völkerrechts.

Dieses allgemeine menschliche Recht unterscheidet Grotius von den geoffenbarten biblischen Geboten (vor allem denen der Bergpredigt), die eine zusätzliche Gültigkeit für die gläubigen Christen haben, die aber nicht im Gegensatz oder Widerspruch zum natürlichen Recht stehen.

Konkret heißt das: Kirchliches, im Glauben begründetes Recht darf nicht mit staatlichem Recht verquickt werden. Vor allem: Das bisher geltende staatliche Ketzerrecht, das Ketzerei unter Strafe stellte, ist abzuschaffen. Wenn Kirchen Menschen, weil sie anderen Glaubens sind, aus ihrer Gemeinschaft ausschließen, dürfen sie nicht auch nach staatlichem Recht als Ketzer verurteilt und verbannt werden, es sei denn, ihr Glaubenseifer ist so radikal, dass er das Zusammenleben gefährdet.

b. Pierre Bayle (1647-1706) war Philosoph und wurde als Hugenotte wegen seines Glaubens aus seiner Heimat in Frankreich vertrieben.

Er lebte dann in den Niederlanden. Seine Erfahrung des Glaubenszwangs, den die katholische Kirche im Bündnis mit dem französischen Staat unter Ludwig XIV. ausübte, machte ihn zum Vorkämpfer der Toleranz. In seinem Buch „Wider den

Glaubenszwang“ stellt er dar, wie sehr Glaube und Vernunft oft gegeneinander stehen.

Während die Vernunft sich auf das allgemein Menschliche verständigen kann, ist jede Glaubensäußerung durch die persönliche Geschichte und Erfahrung bedingt. Sie kann zwar andere überzeugen, aber keine zwingende allgemeine Gültigkeit beanspruchen.

Mit dieser Einsicht begründet Bayle seine Forderung nach Toleranz. Weil jedes religiöse Gewissen etwas Persönliches ist, hat jeder auch ein Recht darauf, seine eigene Glaubensüberzeugung zu vertreten.

Umgekehrt darf niemand zu einer bestimmten Glaubensüberzeugung gezwungen werden. Das menschliche Gewissen hat keinen menschlichen Richter oder Oberherren, sondern ist allein Gott verantwortlich. Es verstößt daher gegen Gottes Willen, wenn Menschen in das “Heiligtum“ des menschlichen Gewissens eingreifen. Schon Luther hatte sich vor dem Reichstag in Worms auf sein Gewissen berufen: Vor Gott sei es nicht gut, gegen sein Gewissen zu handeln. Die Einsichten Pierre Bayles können somit als Kernbestand reformatorischer Theologie bezeichnet werden.

Ähnlich wie Grotius betonte auch Bayle: Nicht der Glaube, der eine je verschiedene Sache des menschlichen Herzens sei, verbinde die Menschen miteinander. Sondern das allgemein menschlich Verbindende sei die Vernunft mit dem in ihr enthaltenen sittlichen Bewusstsein. Aus ihm entsprängen die allgemeinen Regeln des Handelns. Sie seien uns Menschen von unserer Natur her gegeben. Dagegen könne Religion, wenn sie sich intolerant gegen andere verhalte, eine Gefahr für das Zusammenleben bedeuten. Das sei der Fall, wenn die Religion die Intoleranz gegen Andersgläubige und ihre Verfolgung zur Pflicht gegen Gott mache. Selbst der Atheismus, wenn er sich von der Vernunft leiten lasse, wäre einer solchen intoleranten Religion vorzuziehen.

c. Pufendorf und Thomasius sind die Begründer eines Naturrechts in Deutschland.

Der obersächsische Pfarrerssohn Samuel Pufendorf (1632-1694) strebte ein geschlossenes rationales System für das Natur- und Völkerrecht an. Natur- und Völkerrecht sollten unabhängig von christlichen Voraussetzungen entworfen werden.

Pufendorf geht dabei von der Erfahrung aus, dass es zur Besonderheit und zum Wesen des Menschen gehört, auf das Zusammenleben mit anderen Menschen angewiesen zu sein. Aus dieser ihm von Gott anerschaffenen Natur ergibt sich die moralische Verpflichtung, so zu leben, dass die Gemeinschaft erhalten bleibt. Gott hat dem Menschen das Leben in Gemeinschaft zu gegenseitigem Dienst und Nutzen zur Pflicht gemacht. Weil Gott auch letztlich der Urheber des Naturrechts ist, kann die christliche Offenbarung dazu nicht in Widerspruch treten. Der Unterschied besteht darin, dass das Naturrecht allein auf das irdische Leben ausgerichtet ist, während sich die christliche Offenbarung auf das ewige Leben bezieht.

Pufendorfs Schüler, Christian Thomasius (1655-1728), wurde ebenfalls philosophischer Lehrer des Naturrechts und der Moral. E. Hirsch nennt ihn den "Philosophen des gesunden Menschenverstandes und der Nützlichkeit."

Mit seiner Philosophie wandte sich Thomasius gegen die Schultheologie, die das christliche Bekenntnis zur Grundlage der Moral machte. Die Theologie solle sich auf ihr Gebiet, auf die Auslegung der Heiligen Schrift, begrenzen und sich nicht in die freie Erforschung der Natur und der Moral einmischen bzw. sie bevormunden. Denn sobald sie über das Gebiet der Heilslehre hinausgehe und in weltlichen Fragen Autorität beanspruche, werde sie gefährlich für die freie Untersuchung aller Dinge.

Zum gesunden Menschenverstand als Maßstab des Denkens und der Moral gehört auch das Prinzip der Nützlichkeit. Gut ist das, was der Gemeinschaft nützt. Menschen sollen sich nützlich machen und darin ihr Lebensglück und ihren Seelenfrieden finden. Thomasius entwirft damit das Bild des christlichen aufgeklärten Menschen: ein Mensch mit heiterer Würde und klugem Wohlwollen, der sich selbständig seiner Kraft bewusst ist.

Mit diesem "deutschen Humanitätsideal" (E. Hirsch) begründet Thomasius eine von theologischen Voraussetzungen unabhängige menschliche Sittlichkeit. Die Gebote dieser Sittlichkeit erweisen sich als sinnvoll, weil sie dem Menschen nützen. Wenn sie übertreten werden, ergibt sich die Strafe aus den natürlichen Folgen des Fehlverhaltens. Gott ist für Thomasius nicht der strenge Richter, der dem Menschen seine Gebote befielt und die Menschen für ihr Vergehen straft, sondern der freundlich belehrende Vater, indem er den Menschen mit seiner natürlichen einsehbaren Moral ausstattet.

Wie Pierre Bayle ist Thomasius Anhänger der Toleranz. Denn aus dem Naturrecht ergibt sich auch das Recht auf Redefreiheit, das Recht eines jeden Menschen, seine Meinung über Gut und Böse, über Wahrheit und Irrtum frei auszusprechen. Irrlehrer des Landes zu verweisen, wäre nur bei Fanatikern, die das Zusammenleben der Menschen gefährden, zulässig.

XI. Die Aufklärung

Immanuel Kant definiert "Aufklärung" als "Auszug des Menschen aus seiner selbst verschuldeten Unmündigkeit". "Sapere aude" (*wage zu denken!*), war der Kampfruf der Aufklärung gegen alle Bevormundung des Denkens durch kirchliche Lehre.

Schon die von kirchlicher Lehre unabhängige Wissenschaft und Staatslehre lassen sich als Boten der Aufklärung bezeichnen.

In dem aber, was unter Aufklärung im engeren Sinne zu verstehen ist, geht es um eine vernünftige Begründung des Weltganzen und des Glaubens an Gott. Die Denker der Aufklärung waren keine Atheisten, sondern standen in der Tradition des überlieferten Gottesglaubens. Wie aber verhält sich die Vernunft zum Glauben an Gott? Ist der Glaube an Gott mit der Vernunft vereinbar? Johannes Kepler als gläubigen Lutheraner z.B. sah in der von ihm erforschten Himmelsphysik letztlich ein Geheimnis Gottes. Gott hat die Welt nach mathematischen Naturgesetzen erschaffen. Ihre Vollkommenheit und Harmonie waren für Kepler der Hinweis auf die Vollkommenheit Gottes.

1. Die Naturphilosophie von René Descartes und John Locke

Eine zusammenhängende Naturphilosophie, die das Naturgeschehen in einem großen einheitlichen Zusammenhang sieht, entwickelte zuerst der französische Philosoph René Descartes (1596-1650). Für ihn besteht die Natur aus einzelnen Teilen oder Gliedern, die durch Ursache und Wirkung aufeinander bezogen sind. Wenn jedes Glied sich der Wirkung durch eine Ursache verdankt, so muss das Ganze auf eine letzte Ursache zurückgehen, die nicht mehr hinterfragbar ist.

Neben der körperlichen Welt aber existiert der menschliche Geist. Durch den Geist wird sich der Mensch seiner selbst bewusst. "Ich denke, also bin ich!" Auch der menschliche Geist hat – wie die Dinge – eine letzte Ursache. Diese letzte Ursache verbindet Descartes mit der Idee Gottes. Ähnlich wie Platon vom irdisch Schönen auf die vollkommene himmlische Schönheit schloss, so schließt Descartes vom menschlichen Geist auf die Vollkommenheit des göttlichen Geistes und seiner Schöpfung. Aus dem einfachen von Gott gesetzten Anfang entspringt die vom göttlichen Willen gesetzte Weltordnung. Gott ist der planende Weltbaumeister, der das Ganze kunstvoll so einrichtet, dass sich alles nach seinem Willen verwirklichen muss. Die Zweckmäßigkeit, in der die einzelnen Teile und Wesen der Natur aufeinander bezogen sind, zeugt von der Überlegenheit und Weisheit Gottes, ihres Urhebers. Von dieser vernünftig begründeten Gottesvorstellung unterscheidet Descartes den in der Offenbarung des Evangeliums begründeten persönlichen Glauben.

Der englische Religionsphilosoph John Locke (1632-1704) begreift Gott – ähnlich wie Descartes – als erste Ursache alles Natürlichen. Alles, was einen Anfang in der Zeit hat, muss von einem Ewigen hervorgebracht worden sein. Diese erste Ursache versteht Locke als bewusster und persönlicher Geist. Denn so wie das materielle Dasein auf eine erste Ursache zurückgeht, so muss das bewusste menschliche Dasein auf eine erste Ursache des bewussten Daseins zurückgehen. Bewusstsein kann nur durch Bewusstsein hervorgebracht werden.[54]

Wie aber verhält sich diese in der Vernunft begründete Gotteserkenntnis zur Offenbarung Gottes, wie sie in der Bibel überliefert ist?

Dazu stellt Locke zwei Grundsätze auf:

1. Eine Offenbarung muss sich als von Gott kommend erweisen. Die Vernunft hat zu prüfen, ob eine Offenbarung von Gott kommt. Dieser Erweis ist erbracht, wenn der Offenbarungsträger Wunder vollbringt. Locke denkt hier vor allem an den Jesus der Evangelien, der sich mit seinen Wundern als der ausweist, der von Gott kommt. Alle seine Worte können als Gottessprüche und unbestreitbare Wahrheit angenommen werden.

2. Offenbarung hat nichts Widervernünftiges, geht aber über die Vernunft hinaus. Die christliche Offenbarung ist nichts, was nicht durch die Vernunft begriffen und eingesehen werden kann. Sie ist eine einfache, jedem Menschen letztlich zugängliche, religiöse und ethische Grundlehre. Aber wenn die christliche Offenbarung die Auferstehung Jesu oder die Vergebung der Sünden verkündet, geht sie über das Vernünftige hinaus. Sie geht über das hinaus, was vernünftiger Weise erfahrbar ist, bzw. womit man als Mensch erfahrungsgemäß rechnen muss.

John Locke begründete den englischen Deismus, einen Gottesglaubens, der sich allein auf die Vernunft berief. Diese christlichen Freidenker wandten sich gegen die überlieferte kirchliche Lehre, sofern sie vernünftigem Denken widerspricht.

Konsequenter noch als John Locke vertraten sie die Ansicht, dass die Offenbarung der Bibel sich durch die vernünftige Prüfung ihrer Inhalte als wahr erweisen muss. Die Wahrheit der christlichen Botschaft überzeugt durch ihre Inhalte, nicht dadurch, dass sie als geoffenbart behauptet wird. Ihre Wahrheit ist evident – einsehbar. Die Botschaft der Bibel wird nicht deshalb als wahr anerkannt, weil sie von Gott kommt, sondern sie

---

[54] E. Hirsch, a.a.O., S. 275.

wird als von Gott kommend erkannt, weil ihr Inhalt uns als wahr einleuchtet.

2. Die neue Stellung zur Bibel und die Entzauberung der Welt

In dem Maße, in dem sich die auf Vernunft gegründete Wissenschaft durchsetzte und auch der Glaube an Gott nach einer vernünftigen Begründung verlangte, richtete sich vernünftiges Denken auf die Aussagen der Bibel, die der neuen Naturerkenntnis widersprechen.

Damit geriet das Dogma von der Verbalinspiration der Bibel in die Kritik.

Schon Johannes Kepler erkannte, dass die Bibel, wenn es z.B. um die Schöpfungsgeschichte geht, eine zeitgebundene Seite hat. Die biblischen Autoren schrieben als Menschen ihrer Zeit. Sie erzählten die Erschaffung der Welt gemäß ihrem zeitgebundenen Weltbild bzw. Weltverständnis. Es geht somit in der Bibel nicht um eine endgültige Welterklärung, nicht um ein abgeschlossenes Wissen von ihrer Entstehung, das die wissenschaftliche Forschung überflüssig macht, sondern es geht in der Bibel um das zum Heil des Menschen Notwendige.

Diese neue Sicht der Bibel setzte sich langsam gegen den Widerstand der kirchlichen Theologie durch.

Nicht nur der Schöpfungsglaube, sondern vor allem auch der Glauben an Engel und Dämonen wurde von der Aufklärung und des mit ihr einhergehenden neuen Verständnisses der Bibel kritisch hinterfragt. Die vernünftige wissenschaftliche Bibelkritik erkannte die Berichte von Engeln und Dämonen in der Bibel und damit die biblischen Belegstellen als zeitgebunden. Dämonische Erscheinungen in der Gegenwart konnten somit als pathologische Krankheit verstanden werden.

Christian Thomasius trug in Deutschland mit seinem 1701 erschienenen Buch "De crimine magine" ("Vom Verbrechen der Zauberei") zum Ende der Hexenverfolgung bei.

Seinem Einfluss ist es zu verdanken, dass im Preußischen allgemeinen Landrecht von 1794 keine Strafbestimmungen mehr für das Vergehen von Zauberei und Hexerei enthalten sind.

3. Gottfried Wilhelm Leibnitz (1646-1716)[55]

Leibnitz war der umfassendste Gelehrte und Philosoph des ausgehenden 17. und beginnenden 18. Jahrhunderts. Er wurde in Leipzig geboren, wirkte aber vor allem in Hannover, wo er als Geheimrat im Dienste des Hannoverschen Königs stand.

Mit seiner philosophischen Metaphysik versuchte er die Gegensätze zwischen Aufklärung und kirchlicher Lehre zu überbrücken. Ähnlich wie Descartes und Locke vor ihm sah er die Natur nicht nur als ein Zusammenwirken materieller Substanzen und mechanischer Kräfte. Vielmehr führte er das Naturgeschehen auf letzte beseelte Bausteine zurück, die er "Monaden" nannte. Jede Monade hat in abgestufter Weise ein Bewusstsein. Der Mensch besitzt in dieser Stufenleiter das am höchsten entwickelte Bewusstsein, das ihn dazu befähigt, sich seiner selbst und der Welt bewusst zu werden.

Gott ist für Leibnitz der letzte Grund aller Dinge, der Grund des geistig-seelischen Bewusstseins.

Da Gott als Grund aller Dinge das höchste Wesen ist, ist damit auch seine Existenz bewiesen. Denn gäbe es ihn nicht, wäre er nicht das höchste denkbare Wesen (ontologischer Gottesbeweis).

Der sinnvolle Zusammenhang aller natürlichen Dinge gibt den Hinweis auf die Weisheit und Güte Gottes. Gott ist der große Baumeister der Welt, der alles so geschaffen hat, dass das Leben in dieser Welt harmonisch aufeinander bezogen ist. Leibnitz gebraucht hier den Begriff der "prästabilisierten Harmonie". Gott handelt nach Plan und hat der Welt eine Ordnung gegeben, in der alles seinen Grund hat. Alles, was geschieht, geschieht nach einem "zureichenden Grund".

Unsere Welt ist "die beste aller möglichen Welten". Es gibt keine bessere Welt als die, in der wir leben. Der Mensch nimmt

---

[55] E. Hirsch, Bd. II, S. 9ff.

in dieser Weltsicht vor allen Geschöpfen die Sonderstellung als höchstes bewusstes Wesen ein. Anders als in der Sicht der frühen Philosophen der Aufklärung ist der Mensch durch die vernünftige Weltsicht nicht mehr zum Staubkorn im All entthront, sondern erhält eine eigene Würde über allen anderen Geschöpfen.

Wie aber lässt sich diese optimistische Sicht unserer Welt als "beste aller Welten" mit der Erfahrung in Einklang bringen, dass es Leid und Ungerechtigkeit in dieser Welt gibt? Auch im Hinblick auf diese Frage bezieht sich Leibnitz auf seinen "Satz vom zureichenden Grund" – darauf, dass Gott nichts ohne zureichendem Grund geschehen lässt. Es ist für ihn eine Frage der Gewissheit, dass Gottes Weisheit und Güte über allem steht. Diese Gewissheit lässt den Menschen auch gerade in Zeiten großer Not innerlich stark werden. An Gottes Güte und Weisheit in Zeiten der Not zu zweifeln oder irre zu werden, wäre glaubenslose Schwäche. Der Glaube ist für Leibnitz ein fröhliches Zutrauen zur Macht Gottes, die in allem, was geschieht, das Gute herausfindet.

4. Immanuel Kant[56]

Immanuel Kant hat ein Menschenalter später als Leibnitz gelebt. Er wurde 1724 in Königsberg in Ostpreußen geboren und lebte dort bis zu seinem Tod im Jahre 1804.

Er gilt als der bedeutendste Philosoph der Aufklärung. Seine Aufgabe sah er darin, die bisherigen Entwürfe einer Religionsphilosophie kritisch zu hinterfragen und dabei menschliche Vernunft und Erkenntnis neu zu begründen.

Kant tat dies zunächst mit seiner "Kritik der reinen Vernunft", die 1781 erschien. Hier geht er der Frage nach den Voraussetzungen und Grenzen menschlicher Vernunft und Erkenntnis nach.

Menschliche Vernunft ist gebunden an Raum und Zeit. Wenn wir etwas erfahren oder erkennen, so können wir das nur in

[56] E. Hirsch, a.a.O., Bd. 4, S. 271ff.

dem uns im Voraus (a priori) gegebenen Raster von Raum und Zeit. Nach Kant sind Raum und Zeit keine objektiven Gegebenheiten, sondern Formen und Bedingungen unserer Erfahrung und Erkenntnis. Sie begrenzen unsere Erkenntnis auf die irdische Erfahrungswelt. Wir erkennen nicht die "Dinge an sich" oder den letzten Grund aller Dinge.

Somit kann von der Vernunft geleitete Wissenschaft sich nur mit der Erfahrungswelt in Raum und Zeit beschäftigen. Die Frage nach dem letzten Grund aller Dinge und die Frage nach Gott kann daher nicht Gegenstand wissenschaftlicher Forschung oder Betrachtung sein.

Damit ist allerdings nicht gesagt, dass die Wissenschaft den Grund allen Seins verneint und die Frage danach sinnlos wäre. Sie erkennt diese Frage als wesentlich, kann aber darauf keine Antwort geben.

Die bisherige Metaphysik mit der Lehre von Gott als dem Ursprung aller Dinge und der Unsterblichkeit der Seele entspricht zwar dem Streben der Vernunft und der Frage, die sich unserer Vernunft stellt. Sie kann aber mit Mitteln der reinen Vernunft nicht beantwortet werden.

Religion und Ethos, die in der bisherigen Religionsphilosophie durch den Rückschluss von Wirkung und Ursache – durch Gottesbeweise – begründet erschienen, verlieren damit diese vernünftige wissenschaftliche Erklärung. Diese Gottesbeweise entkräftet Kant. Sie beweisen nichts anderes als unsere Gedanken oder die Idee eines höchsten Wesens.

Aber das Recht der Gottesidee lässt sich – wie gesagt – durch Wissenschaft auch nicht verneinen. Sie kann nicht behaupten oder nachweisen, dass die Idee Gottes sinnlos oder unvernünftig ist. Die Gottesidee ist keine zufällige oder willkürliche Erdichtung. Vielmehr entspringt sie notwendig dem Streben der Vernunft, aller Erkenntnis einen tragenden Grund zu geben. Aber eben: Die Gottesidee ist kein Gegenstand des Wissens, sondern eine Sache des Glaubens.

Die entscheidende Frage ist nun, wie sich Wissen und Glauben zueinander verhalten.

Die Urteile des Glaubens sind subjektiv, sie können keine objektive Gültigkeit für sich in Anspruch nehmen. Das Wissen dagegen richtet sich auf das objektiv Gültige.

Der Glaube wurzelt in seiner Überzeugung. Er kann sagen: "Ich bin gewiss!" Und mit seiner Gewissheit kann er andere überzeugen. Er kann aber nicht sagen: "Es ist gewiss!" und erwarten, dass andere seine Überzeugung als etwas allgemein Gültiges übernehmen.

Worauf aber richtet sich der Glaube? Worin ist er begründet? Glaube ist nach Kant kein für wahr halten von Tatsachen, sondern er ist begründet in der moralischen Gesinnung. Ähnlich wie vor ihm schon andere Philosophen der Aufklärung wird auch für Kant der Mensch nicht nur durch seine Vernunft bestimmt und geleitet, sondern entscheidend auch durch seine Moral. Das "moralische Gesetz in uns" ist für Kant ein erstaunenswertes Wunder. Durch seine Moral wird der Mensch nicht nur zum Guten, sondern vor allem zu einer freien Persönlichkeit bestimmt. Die Handlungsanweisung dieses moralischen Gesetzes in uns fasst Kant in seinem kategorischen Imperativ zusammen: "Handle nur nach derjenigen Maxime, durch die du zugleich wollen kannst, dass sie ein allgemeines Gesetz werde."

Es geht hier um das Gute um seiner selbst willen – um eine "heilige Pflicht zum Guten". Wenn ich sie vernehme, bin ich wahrhaft ich selbst. Ich tue das Gute nicht, weil ich davon einen Nutzen habe oder weil es mir von außen aufgetragen wird, sondern eben aus meinem Pflichtgefühl heraus.

Im Tun des Guten ist der Mensch autonom und auf die Gemeinschaft bezogen, auf eine Welt des Guten oder auf eine Zukunft des Guten.

Mit dieser Pflicht zum Guten – mit seinem moralischen Gesetz – steht der Mensch außerhalb der Welt der Dinge und Erscheinungen, die er kraft seiner Vernunft erklären kann. Als moralisches Wesen ist der Mensch Glied eines überzeitlichen Grundes. Er ist eingebunden in eine übersinnliche Welt – in die Welt Gottes.

Die Pflicht, nach dem Gesetz der Moral zu handeln, macht den Glauben an Gott notwendig. Denn ohne Gott würde unser moralisches Handeln sinnlos, wären wir unserem Eigennutz und Egoismus ausgeliefert. Der Glaube an Gott ist als Triebfeder zu verstehen, die uns hilft, unser Tun in den Dienst des Guten für die Gemeinschaft zu stellen.

Kant will damit keinen so genannten moralischen Gottesbeweis liefern, was ihm oft unterstellt wird. Sondern er bringt mit seiner Verbindung von Moral und Gottesglauben die Überzeugung zum Ausdruck, die sich für ihn aus dem moralischen Bewusstsein ergibt: Im Ruf der Pflicht zum Guten zeigt sich die Stimme Gottes in uns. Oder: Gott ist das höchste Gut. In ihm findet das Gute, das ich tun soll, seinen Möglichkeitsgrund und sein Ziel.

Der Glaube an Gott begründet sich für Kant ausschließlich in der praktischen Vernunft. Er lässt sich jedem Menschen so mitteilen, dass er überzeugt.

In unserer Kultur allerdings verbindet er sich mit der überlieferten christlichen Religion.

Im Gegenüber zur Kirche als Trägerin des überlieferten Glaubens geht es Kant darum, christlichen Glauben mit dem in der praktischen Vernunft begründeten Glauben in Übereinstimmung zu bringen. Wie kann die Überlieferung, wie können die Urkunden und Lehren so gestaltet und interpretiert werden, damit sie ein "Daseinsrecht" in der Volkserziehung haben?

Es geht Kant somit um eine aufgeklärte Reform der bestehenden Kirchenlehre. Dazu gehört eine freie Auslegung dessen, was als christliche Offenbarung überliefert ist.

Wie reagierten Theologie und Kirche auf die religionsphilosophischen Fragen und Erkenntnisse? Inwiefern kamen Theologie und Kirche der Forderung Kants nach, sich kritischer Vernunft zu stellen und die eigene Lehre so zu interpretieren, dass sie für vernünftig denkende Menschen überzeugend wurde?

5. Die Antwort des Pietismus – Philipp Jacob Spener und August Hermann Francke[57]

Philipp Jacob Spener wurde 1635 im Elsass geboren und starb 1705 in Berlin.

Er war ein Mann der Kirche. U.a. wirkte er als Oberhofprediger in Dresden und wurde danach Konsistorialrat in Berlin. Als praktisch denkender Theologe und Seelsorger sah er seine Aufgabe darin, Glauben und Kirche zu neuem Leben zu erwecken.

Von zwei Gefahren sah er das kirchliche Leben bedroht. Die eine stellte der Atheismus dar, der sich in gebildeten Kreisen als Folge der Aufklärung ausbreitete. Die andere – größere – Gefahr sah Spener darin, dass der Glaube zum Wissen von Glaubenswahrheiten verflachte. Die Lehrstreitigkeiten der Orthodoxie um den rechten Glauben führten nach Speners Erfahrung zu einem Gewohnheitschristentum. Christliches Leben vollzog sich in äußerlichem Ritus (Gottesdienst) und begnügte sich damit, die Grundzüge christlicher Lehre zu kennen und nachzusprechen.

Gegen diese oberflächlich verkopfte Christlichkeit vertrat Spener die Notwendigkeit der Glaubenserfahrung. Glaube solle als erfahrene Gewissheit das Herz des Menschen durchdringen. Spener nennt diese Glaubenserfahrung "Gottseligkeit". Gemeint ist eine theologische Erkenntnis, die aus persönlicher religiöser Erfahrung – man könnte auch sagen: aus persönlich erfahrener "Erweckung" – kommt. Sie allein führt zur Gewissheit des Glaubens.

In seiner Schrift "Pia desideria" ("*Fromme Wünsche*") macht Spener sechs Vorschläge, wie dem scholastischen Lehrsystem der Orthodoxie und der Verweltlichung vieler Christen begegnet werden könne.

---

[57] E. Hirsch, Bd. II, S. 91ff.

1. Vom nur angelernten christlichen Wissen eines äußerlichen Glaubens gilt es zu einem lebendigen Glauben zu kommen, der sich in christlicher Praxis äußert.

2. Dazu gehört die Einübung des allgemeinen Priestertums. In ihrem jeweiligen Lebenskreis haben Christen die Aufgabe, sich gegenseitig im Geist der Liebe seelsorgerlich zu beraten und zu ermahnen.

3. Diese Seelsorge soll vor allem auch durch eine kursorische Bibellektüre geschehen. Laien werden dabei von Predigern zur eigenen häusliche Lektüre biblischer Bücher angeleitet.

4. Um Christen in ihrem Glauben nicht zu verwirren, müssen die konfessionellen Streitigkeiten überwunden werden.

5. Das theologische Studium muss so reformiert werden, dass Studenten durch das Studium zur Gottseligkeit geführt werden. Sie sollen zu einer erbaulichen Lektüre der Bibel angehalten werden.

6. Nicht zuletzt muss sich die Predigt auf der Kanzel erneuern – weg vom gelehrten, rhetorischen Vortrag – hin zu einer erwecklichen und erbaulichen Predigt. Alles, was nicht aufbaut, was Ärgernis oder Verwirrung stiftet, muss unterbleiben. Die Wahrheit muss stets mit der Liebe vereint sein. Wichtig ist die Überzeugung des Predigers. Wort und Person gehören zusammen. Die christliche Wahrheit lässt sich nicht von der Person trennen.

Wie stand Spener zu den Errungenschaften der Aufklärung? Wie beurteilte er die Verselbständigung des Naturrechts und die auf Vernunft gegründete Naturwissenschaft und Naturphilosophie?

Einerseits stimmte er den Philosophen der Aufklärung zu. Die Vernunft ist für Spener eine gute Gabe Gottes. Sie dient dazu, die Dinge dieser Welt zu erforschen und zu erkennen.

Andererseits aber – und darin stimmt er mit Kant überein – ist die Vernunft auf die Erkenntnis der weltlichen Dinge begrenzt. Die biblische Offenbarung ist übervernünftig. Ihre Wahrheit kann mit Argumenten der Vernunft nicht erfasst werden. Auch bedarf die Vernunft der Offenbarung. Man könnte sagen: Sie braucht die Stimme Gottes, um nicht in die Irre zu gehen. Eine Vernunft, die nicht durch die Erkenntnis der Heiligen Schrift geleitet wird, muss in die Irre gehen. Sie richtet sich gegen das menschlich Gute. (Die Frage stellt sich hier, in wessen Dienst die Vernunft tritt. Wie die weitere Geschichte gelehrt hat, kann sie auch in den Dienst der reinen Machtausübung und Menschenverachtung treten.)

Spener bejaht das Naturrecht. Die gesunde natürliche Vernunft lehrt, wie Menschen nach Gesetzen der menschlichen Gemeinschaft leben können. Aber er fügt den Wunsch an, dass die Lehrer des Naturrechts Christen sein mögen.

Ähnlich ambivalent ist Speners Position gegenüber der Frage, inwieweit die Aussagen der Bibel vernünftiger Kritik unterzogen werden können. Einerseits hält er ein Urteil der Vernunft über die Möglichkeit oder Unmöglichkeit biblischer Aussagen für unzulässig.

Andererseits aber gibt Spener zu bedenken, dass die Vernunft mit der Offenbarung nicht im Widerstreit steht. So ist auch Spener der Meinung, dass z.B. die Erkenntnisse der Astronomie beachtet werden müssen. Demnach ließe sich der Schöpfungsbericht nicht als wortwörtlich zu verstehende Lehre über die Entstehung der Welt lesen, und das antike dreistöckige Weltbild (Himmel, Erde und Hölle) könne nicht weiterhin in Geltung bleiben. Den Glauben an Engel und Dämonen und damit auch die Existenz von Hexen hält Spener allerdings aufgrund der diesbezüglichen biblischen Aussage für möglich. Es müsse aber geprüft werden, inwieweit es sich im konkreten Fall um Aberglauben, um Betrug oder Selbstbetrug handele.

Vielleicht lässt sich seine Position so deuten: Gottes Offenbarung muss in vernünftiger Rede erfolgen. Diese Vernunftbezogenheit ist ihm vor allem aus seelsorgerlichen Gründen wichtig. Denn wenn der Prediger Behauptungen vorträgt, die nicht zu begründen sind und keine Gewissheit zulassen, gefährdet er den Glauben der Zuhörer. Die christliche Botschaft wird unglaubwürdig, weil unsinnig.

Zu fragen bleibt schließlich, wie denn Gottes Offenbarung zur Sprache kommen kann. Offenbar geschieht dies nicht, wenn der Prediger Aussagen der Bibel, weil sie in der Bibel stehen, als Gottes Wort behauptet. Sondern Offenbarung geschieht, wenn der Text den Hörer "erbaut", wenn der Hörer durch die Predigt von "Gottseligkeit" erfüllt wird.

Wir würden heute sagen: Es gilt, den "Geist" eines Textes zu erfassen. Was den Prediger des Evangeliums selber berührt, was ihn "begeistert", gibt er mit seinen Worten weiter. Dazu muss er sich in den Text vertiefen, ihn mit seiner eigenen Erfahrung konfrontieren, sich von ihm infrage stellen oder aufrichten lassen. Er liest und überträgt den Text nicht buchstabengetreu, auch nicht nur als historisches Dokument, sondern als Botschaft Gottes, die er im Geist erfasst hat.

August Hermann Francke wurde 1663 als Sohn einer angesehenen Familie in Lübeck geboren. Er studierte Theologie in Erfurt, Kiel und Leipzig. Grundlegend für seinen Werdegang und sein Wirken als Theologe wurde sein Bekehrungserlebnis. Sein bisheriges Studium, so berichtet er später, habe sein Wissen vermehrt, aber er spürte in sich keinen Glauben. Er merkte dies, als er in Lübeck über den lebendigen, wahren Glauben predigen sollte und daran verzweifelte, diesen wahren Glauben nicht zu haben. Sein inständiges Gebet führte ihn schließlich aus dieser Verzweiflung heraus. Er spürte nun die Gewissheit der in Jesus Christus begründeten Gnade Gottes in seinem Herzen.

Nach diesem Bekehrungserlebnis kehrte Francke zurück nach Leipzig und lehrte an der dortigen Universität. Er kam in Kontakt mit Spener, der bald sein Ratgeber und Freund wurde. Die Erneuerung der Kirche, die Spener predigte und erhoffte, setzte Francke in die Praxis um.

Zunächst hielt er seine theologischen Kollegs so, dass aus ihnen Erbauungsstunden wurden. Er leitete seine Studenten an, die Texte der Bibel "erbaulich" zu lesen und zu verstehen. Diese Art der Theologie brachte ihm einen großen studentischen Zulauf. Es entstand eine große, lebendige studentische Frömmigkeitsbewegung, die bald auch auf die Leipziger Bürger übergriff.

Anfang 1692 kam Francke nach Halle an die dort neu gegründete Universität. Zusätzlich übernahm er eine Pfarrstelle in Glauchau, vor den Toren der Stadt Halle.

Hier nun begründete er sein Hauptprojekt, das ihn berühmt werden ließ. Mit Hilfe einer Spende von anfangs vier Talern gründete er eine Armenschule, in der Studenten, die er für sich gewonnen hatte, die Kinder unterrichteten. Bald entstanden mehrere Klassen und ein Waisenhaus.

Erfolgreich wurde Franckes Projekt durch seine besondere Pädagogik. Anstatt den Lernstoff den Schülern einzupauken, setzte er auf das Gespräch. Die Kinder sollten aus eigener Erfahrung lernen. Deshalb wurde der Unterricht z.B. durch handwerkliche Arbeit in Modellwerkstätten ergänzt. Vor allem aber lag Francke daran, die Kinder für den christlichen Glauben zu gewinnen. Es ging ihm darum, "viele tausend Seelen" zu retten. Erfolgreich wurde sein pädagogisches Projekt auch durch die Hilfe eines großen Netzes von Förderern. Zahleiche höher gestellte, adlige Bürger unterstützten seine Stiftung mit viel Geld.

Aus der konkreten Arbeit entwickelte Francke ein pädagogisches Reformkonzept, mit dem er nicht nur Schule und Kirche in Halle und Preußen, sondern in ganz Deutschland zu reformieren hoffte. Aber diese weitgespannte Hoffnung erfüllte sich nicht, wenn auch sein Reformkonzept weit über Halle hinaus wirkte. Nach seinem Tod im Jahre 1727 übernahm sein Sohn die Stiftung. Als die "Franckesche Stiftung" wurde die Anstalt lange Zeit das Zentrum des deutschen Pietismus.

XII. Die liberale Theologie

Im 18. Jahrhundert hatten sich die staatliche Rechtsprechung, die Wissenschaft und Philosophie von der Bevormundung durch die kirchliche Lehre befreit. Auch die Theologie begann nun, eine eigenständige Wissenschaft zu werden. Weitgehend übernahm sie die philosophische Metaphysik mit ihrer in der Vernunft begründeten Gottesidee und Ethik. Die Theologen dieser Zeit wussten sich zwar einerseits an die kirchliche Lehre gebunden, nahmen aber andererseits für sich die Freiheit in Anspruch, sich der wissenschaftlichen Bildung der Zeit anzuschließen und eine aufgeklärte Theologie zu betreiben.

1. Die deutschen Neologen[58]

Die Vertreter dieser beginnenden aufgeklärten kritischen Theologie bezeichnet man als Neologen (vermutlich eine Abkürzung für das Wort "Neue Theologen").

Im Einzelnen sollen diese Theologen hier nicht aufgeführt werden. Wichtig sind mir ihre theologischen Neuansätze. In welcher Hinsicht haben sie die kirchlich-orthodoxe Lehre infrage gestellt und versucht, christlichen Glauben gemäß der aufgeklärten Wissenschaft und Bildung zum Ausdruck zu bringen?

Ein wichtiger Ansatzpunkt war das Dogma von der Verbalinspiration, wonach jedes Wort in den Schriften der Bibel als vom Heiligen Geist inspiriert galt. Dagegen sahen die Neologen die Schriften der Bibel als "Tatsachenwahrheiten", d.h. als von Menschen geschriebene Texte, die vernünftig-philologisch – wie jede andere von Menschen verfasste Schrift – nach ihrem ursprünglichen Sinn befragt werden wollten. Schrift und Wort Gottes sind also nicht dasselbe, sondern voneinander unterschieden. Für die kirchliche Lehre bedeutete das: Sie muss sich durch die historische Auslegung der biblischen Texte kritisch hinterfragen lassen. So haben z.B. die Schriften des Alten Testamentes ihren eigenen historischen Sinn und können nicht einfach als Weissagung auf Jesus Christus hin ausgelegt werden.

Ein anderer Angriffspunkt war das Dogma von der Erbsünde und damit zusammenhängend die Lehre vom Sühnetod Jesu am Kreuz. Lässt sich die Lehre von der Erbsünde des Men-

---

58 E. Hirsch, a.a.O., Bd. IV, Kap. 36.

schen, die ihn von seiner Natur her unfähig zum Guten sein lässt, biblisch belegen?

Und vor allem: Widerspricht dieses Dogma nicht der vernünftigen Erkenntnis, wonach jeder Mensch ein moralisches Gesetz in sich trägt und damit ansprechbar für das Gute ist? Der Mensch bleibt zwar gebunden an seine Selbstsucht, aber dennoch gibt es eine durch die Vernunft begründete Ethik des Zusammenlebens, die für jeden Menschen verständlich ist. Von daher erübrigt sich die Lehre vom Sühnetod Jesu Christi. Der Mensch bedarf in seiner Selbstsucht nicht eines Opfers, das ihn vom Zorn Gottes rettet, sondern er braucht Erziehung und Bildung hin zu einem moralischen Verhalten in der menschlichen Gemeinschaft. Im Blick auf die Gestalt Jesu Christi konzentriert sich die neue Theologie daher auf die Lehre des geschichtlichen Jesus. Gefragt wird nach der "echten Menschheit" Jesu. Er ist der vollkommene von Gott gesandte Religionslehrer.

Danach besteht die Aufgabe der christlichen Verkündigung und des Predigers darin, vor allem auch der Erziehung und Bildung des Volkes zu dienen. Die christliche Verkündigung soll sich für das Zusammenleben der Gesellschaft als "nützlich" erweisen. Darüber hinaus allerdings behält sie ihren seelsorgerlichen Sinn, indem sie den Menschen Gottes Liebe und Gnade zuspricht.

2. Gotthold Ephraim Lessing (1729-1781)[59]

Die Entfremdung theologischen Denkens von der geltenden kirchlichen Lehre lässt sich besonders eindrucksvoll am Wirken Lessings darstellen.

Lessing wurde als Sohn eines Pfarrers geboren. Wie es damals üblich war, wollte auch er – wie sein Vater – Pfarrer werden. Lessing aber erfuhr bald, dass ihn die im Studium dargebotene kirchliche Lehre nicht überzeugte. Er wendet sich ab von der Theologie und wird als Schriftsteller ein "entschlossener Aufklärer".[60]

---

59 E. Hirsch, S. 125ff.

60 E. Hirsch, a.a.O., S. 125.

Als solcher sieht er in Wissen und Bildung die entscheidenden Grundlagen für eine allgemeine Verbesserung der menschlichen Lebensverhältnisse. Mit seinem Wirken als Schriftsteller will er dazu beitragen.

Auch die Kirche hat für ihn diese Aufgabe der Erziehung und Bildung der Menschen. Religion bedeutet für Lessing vor allem "Erziehung des Menschengeschlechts".[61]

Die Geschichte der Menschheit sieht Lessing nicht als eine bloße Abfolge mehr oder weniger zufälliger geschichtlicher Ereignisse. Sondern die Geschichte entwickelt sich für Lessing auf ein Ziel hin. In ihr verwirklicht sich die Humanität in einem langen Prozess hin zu ihrer Vollkommenheit. Träger dieser Entwicklung ist der Mensch in seinem Streben nach Humanität.

Dabei geht die Entwicklung über das hinaus, was ein einzelner Mensch an Gutem tun kann. Das Tun eines jeden Menschen ist unvollkommen und bedarf der Vervollkommnung.

Für Lessing steht die vollkommene Humanität für das, was die Theologie das "Himmelreich" oder das "Reich Gottes" nennt. Man kann sagen: An die Stelle dieser Jenseitsvorstellung vom Himmelreich setzt Lessing die irdische vollkommene Humanität.

Wie aber kann der Mensch, der ja nur unvollkommen mit seinem begrenzten Leben an dieser Entwicklung zur Vollkommenheit teil hat, selber in das Reich der vollkommenen Humanität gelangen und an ihm Teil haben? Lessing bedient sich hier der ursprünglich hinduistischen Vorstellung von der Wiedergeburt des Menschen. Damit der Mensch dieses Ziel erreicht, muss er zu jeweils neuem Leben wiedergeboren werden. An die Stelle der Hoffnung auf die Auferstehung der Toten zum Reich Gottes tritt für Lessing die Vorstellung von der Wiedergeburt zu stets neuem Leben, bis die Vollkommenheit der Humanität erreicht ist.

---

[61] Dieser Begriff stammt von Erasmus von Rotterdam, der ähnlich wie jetzt Lessing den Sinn des Christentums in der " Erziehung des Menschengeschlechts" sah.

In Lessings Denken kommt die Vorstellung vom "Gericht" nicht mehr vor – weder in Form des hinduistischen Karmas noch als christliche Lehre vom Endgericht. Der Mensch muss nicht bestraft oder durch Strafe bedroht werden. Die Besserung des Menschen geschieht durch Erziehung und Bildung. Mit dieser Sicht löst sich Lessing vom Christentum im engeren Sinn.

Die drei großen Religionen – Judentum, Christentum und Islam – sieht er gleichermaßen in der Pflicht, an der "Erziehung des Menschengeschlechts" mit zu wirken. Welche Religion die wahre ist, will Lessing nicht entscheiden, wofür die Parabel von den drei Ringen in seinem Theaterstück "Natan der Weise" steht. Gemäß seiner geschichtlich-diesseitigen Auslegung des Reiches Gottes als vollkommene Humanität sieht er auch die Gestalt Jesu Christi völlig ins Menschliche hineingenommen.

Es geht Lessing um eine streng geschichtliche Erfassung seiner Lehre und seines Lebens. Die einzigartige Größe Jesu kann nicht durch die Behauptung seiner Gottessohnschaft bekannt werden, sondern sie erweist sich in seinen Worten und Taten.

Der rein geschichtlichen Erfassung der Person Jesu entspricht, dass Lessing sich ebenso entschieden auch für eine geschichtliche Auslegung biblischer Texte überhaupt ausspricht und gegen das Dogma von der Verbalinspiration biblischer Texte kämpft. Luthers Werk der Befreiung des Glaubens von der kirchlichen Lehrtradition und Lehrautorität müsse fortgesetzt und dahingehend vollendet werden, dass der Glaube nun auch vom "Joch des Bibelbuchstabens" befreit wird. Lessing ruft auf zum "Kampf gegen die Bibliolatrie", gegen den "Götzendienst" des wörtlichen Bibelglaubens.

3. Johann Gottlieb Fichte[62]

Nach E. Hirsch gehört Fichte "mehr als jeder andere Philosoph hinein in die Geschichte von Christentum und Theologie".[63]

62 E. Hirsch, a.a.O., Bd. 4, S. 337ff.

63 E. Hirsch, a.a.O., S..337.

Fichte, der 1762 in der Oberlausitz geboren wurde, wollte ähnlich wie Lessing Theologe werden. Nach seinem Studium der Theologie verdiente er sich zunächst als Hauslehrer seinen Lebensunterhalt. Er wandte sich dann der Philosophie zu und wurde selber Professor für Philosophie – zunächst in Weimar. Dort trug ihm seine philosophische Position zur Gottesfrage den Vorwurf des Atheismus ein. Der Streit um diesen Vorwurf, der als "Atheismus-Streit" in die Philosophiegeschichte einging, endete damit, dass Fichte vom Ministerium in Weimar die Lehrerlaubnis entzogen wurde. An dieser Entscheidung soll sogar Goethe mitgewirkt haben!

Fichte kam daraufhin nach Berlin. Anders als in Weimar herrschte dort ein liberaler aufgeschlossener Geist. Berlin wurde somit seine neue Heimat, in der er weiterhin als Philosophieprofessor lehrte und dort auch 1814 starb.

Am Anfang von Fichtes philosophisch-theologischem Denken stand – ähnlich wie auch bei Lessing – der Zweifel. Er zweifelte bzw. verzweifelte am metaphysischen Gottesbegriff der bisherigen Philosophie und Theologie. Die Vorstellung von Gott als letzter Ursache allen Seins oder als Weltbaumeister leuchtete ihm nicht ein. Wie konnte der logische Rückschluss von der Wirkung auf die letzte Ursache aller Dinge zu Gott führen?

Die Begegnung mit der Philosophie Kants, mit seiner Kritik der reinen Vernunft, führte Fichte zu der befreienden Erkenntnis: *Das Sein Gottes und damit der Grund seines eigenen Seins lässt sich nicht vernünftig beweisen*. Ähnlich wie für Kant das moralische Bewusstsein die Quelle der menschlichen Freiheit ist und schließlich im Gewissen die Stimme Gottes als Ruf zum Guten vernehmbar wird, so richtet auch Fichte sein Denken auf das Bewusstsein zur Pflicht und schlussfolgert: *Darin findet der Mensch die tiefste Gewissheit seiner selbst. Dass ich bin, dass ich ein einzigartiger Mensch bin und die Freiheit habe, mich zu entscheiden und etwas Eigenes zu tun, begründet meine tiefste Gewissheit. Indem ich das Gebot in mir selbst wahrnehme, schaue ich mich selbst an – als Ich*. Oder: *Im Ruf zur Pflicht tritt mir mein Ich entgegen.*

In dieser Ichphilosophie gibt es zunächst für Fichte keinen Hinweis auf Gott. Dennoch ist Fichte der Glaube an Gott wichtig, denn er ist im Grunde ein frommer Mann.

Philosophisch stellt die Gottesidee für Fichte einen Grenzbegriff dar. Indem der Mensch nach sich selbst frage, werde er sich auch seiner Grenze bewusst. Er habe ein Bewusstsein für das, was undenkbar sei und das vernünftige Erkennen übersteige. Das individuelle Ich ist demnach eingeschränkt – begrenzt.

Eine Gottesgewissheit entsteht nicht, indem ich die Grenze meines Erkennens durch einen logischen Gottesbeweis überspringe.

Ähnlich wie bei Kant gilt auch für Fichte, dass Gott im Ruf zur Pflicht erfahrbar wird. Gott als das absolute Sein offenbare sich dem Menschen im Ruf zur Pflicht. Der Glaube an eine moralische Ordnung habe die menschliche Hingabe an das Gute zur Folge. Diese Hingabe erhalte ihren Antrieb und ihr Ziel durch Gott. Glaube an Gott sei der Glaube an ein lebendiges göttliches Wirken und Walten, das das moralische Handeln des Menschen aufnimmt und seinem Ziel entgegenführt. Fichte erfährt Gottes Wirklichkeit als das, was unser "Ich" trägt. Das Leben in der Freiheit menschlichen Handelns sei „Gottinnigkeit"[64], denn Gott ist darin lebendig.

Insgesamt lässt sich sagen: *Zum Glauben an Gott gelangt der Mensch nicht durch wissenschaftlich-philosophische Erkenntnis, sondern durch die Erfahrung, getragen zu sein. Diese Gotteserfahrung oder „Gottinnigkeit" hat die Reflextion auf das eigene Ich zur Voraussetzung. Gott wird erfahrbar als der tragende Grund meines Ich-Bewusstseins und damit meines Lebens.*

Im Hinblick auf den christlichen Glauben unterscheidet Fichte zwischen der zeitlichen – der kirchlichen – Gestalt und dem eigentlichen "Wesen des Christentums". Das Wesen des Christentums wird für ihn in der Gestalt Jesu erkennbar. *Denn in der Person Jesu sind Gott und Mensch vereint. Dass Gott Mensch*

---

[64] E. Hirsch, a.a.O., S. 370.

wird, ins Menschliche eingeht, ist der wesentliche Kern des Christentums. Gott offenbart sich in Jesus als Liebe. Die Liebe wird damit zum Grundgebot des menschlichen Zusammenlebens. Damit, dass Jesus diese Liebe lebt und verkündigt, ist er Gottes Sohn und damit der Beginn einer neuen Menschheit.

Wenn wir ihm folgen, so Fichte, *gehen wir selbst in Gott ein. Wir werden wie Jesus Töchter und Söhne Gottes. Wir werden wahre Menschen – finden zu unserem wahren Wesen als Menschen.* Oder: *Gottessohnschaft erweist sich darin, dass wir uns durch Gott zu unserem wahren Wesen, zu unserer inneren Freiheit und Menschlichkeit befreien lassen.*

Fichte weist darauf hin, dass die Kirche in ihrer Lehrtradition die Gottessohnschaft Jesu "metaphysisch dogmatisiert" hat. Sie habe aus der menschlichen Gestalt ein Himmelswesen gemacht und damit das Wesen des Christentums verdunkelt. Zu dieser Dogmatisierung der Person Jesu gehört nach Fichte auch die Lehre von seinem Versöhnungstod am Kreuz. Hier wird – so bei Paulus – ein zorniger Gott vorausgesetzt, was aber dem widerspricht, dass Gott von der Botschaft Jesu her „Liebe" ist, wie es Johannes bezeugt.

„Erlösung" durch Jesus Christus bedeutet daher für Fichte nicht, dass sich Jesus durch seinen Tod am Kreuz für uns geopfert hat. Sondern seine Erlösung ist als Befreiung zur Liebe zu verstehen. Wir erfahren sie in der Nachfolge Jesu.

4. Friedrich Schleiermacher (1768-1834)

Friedrich Schleiermacher, geboren in Breslau, gilt als der bedeutendste Theologe im Gefolge der Aufklärung.

Wie Lessing und Fichte entstammt auch er einer Theologenfamilie. Sein Vater arbeitete als Feldprediger in Breslau. Somit war auch für Friedrich Schleiermacher der Beruf eines Theologen und Predigers vorgezeichnet. Als Heranwachsender erlebte er auf dem Pädagogium der Herrnhuter Brüdergemeinde eine strenge pietistische Erziehung und Gemeinschaft. Diese aber verhinderte nicht Schleiermachers Beeinflussung durch die aufgeklärte Literatur seiner Zeit. Zunehmend begann er an der kirchlichen Lehre zu zweifeln. Die Gottheit Jesu Christi und die Lehre von der Versöhnung durch Christi Blut erschienen ihm unglaubwürdig und unvereinbar mit dem Geist aufgeklärter Bildung.

Aber anders als Lessing und Fichte blieb er dabei, Theologe zu werden. Zum Studium der Theologie ging er an die theologische Fakultät in Halle, die von der aufgeklärten neologischen Theologie beherrscht wurde. Nach dem Ende seines Studiums musste er zunächst seinen Unterhalt als Hauslehrer und Hilfsprediger verdienen, wie das damals für junge angehende Pfarrer üblich war.

Seine erste Pfarrstelle erhielt Schleiermacher 1796 an der Charité in Berlin. Danach (1805) wurde er Hofprediger in Stolpe in Pommern, um zwei Jahre später Professor der Theologie – zunächst in Halle und dann in Berlin – zu werden.

Während seines Studiums hatte Schleiermacher sich mit der aufgeklärten neologischen Theologie auseinanderzusetzen. Unter dem Einfluss zunächst der kritischen Philosophie Kants wurde ihm bald klar, dass es keine vernünftige Gotteserkenntnis geben kann: *Gott gibt es nicht als Ursache aller Dinge oder als weisen Weltbaumeister. Um Gott zu finden, muss sich der Mensch auf sich selbst besinnen*. Von daher überzeugt ihn zunächst der Gedanke Kants, dass die Idee Gottes sich mit dem moralischen Handeln verbindet. Aber anders als Kant und Fichte kommt Schleiermacher zu der Überzeugung: *Nicht der moralische Imperativ als Ruf des Gewissens führt den Menschen zu Gott, sondern die innere Anschauung, durch die der Mensch seiner Individualität inne wird und eine letzte Freiheit erfährt.*

Was Schleiermacher damit meint, wird in seinen "Reden über die Religion an die Gebildeten unter ihren Verächtern" und in seinen "Monologen" deutlich. Hier entwickelt er eine neue Sicht menschlicher Innerlichkeit. Der Grund menschlichen Seins bestehe nicht in einem Pflichtethos. Sondern in der Tiefe seiner Individualität erlebe der Mensch ein „heiliges Gefühl" der Gottverbundenheit.

In diesem Gefühl erfahre der Mensch seine Freiheit. "So bist du mir, Freiheit, in allem das Ursprüngliche, das Erste und Innerste. Wenn ich in mich zurückgehe, um dich anzuschauen, so ist mein Blick auch ausgewandert aus dem Gebiet der Zeit und frei von den Schranken der Notwendigkeit. Das Licht der Gottheit geht in mir auf."[65] Oder: "Dein freue ich mich, erhabene Andeutung der Gottheit in mir, schöne Einladung zu einem unsterblichen Dasein außerhalb des Gebietes der Zeit und frei von ihren harten Gesetzen ... Es ist der Mensch ein bleibendes Werk der Anschauung. Nur sein innerstes Handeln, in dem sein wahres Wesen besteht, ist frei" (S. 7).

Um Gott zu erfahren, gelte es, sich frei zu machen von dem Gesetz der Notwendigkeit und der Zeit. In der Selbstreflexion wende sich der Mensch der eigenen Individualität zu. *Wer bin ich, unverwechselbar und besonders?* Indem der Mensch sich seiner Individualität bewusst werde, erfahre er etwas von dem, was Ewigkeit bedeute. "So oft ich ins innere Selbst den Blick zurückwende, bin ich zugleich im Reich der Ewigkeit".

Anders als bei Fichte und Kant sieht Schleiermachr das Religiöse nicht an die Erfahrung des moralisch-sittlichen Sollens gebunden. Sondern das Religiöse ist ein zweckfreies "Innewerden des Göttlichen" (Hirsch) im Menschen. Dies geschieht, wenn er sich selbst anschaut und sich seiner Individualität bewusst wird. Für Schleiermacher ist jeder Mensch im Grunde ein Spiegel des Göttlichen – des Universums.

Allerdings weiß Schleiermacher, dass dieses Innewerden des Göttlichen im eigenen Selbst nicht jedermanns Sache ist. Die meisten Menschen lebten eingebunden in die Gesetze der Zeit und ihrer täglichen Verrichtung. Schleiermacher stellt daher dem Normalmenschen den so genannten "Virtuosen des Religiösen" gegenüber, der ihm zum Anreger und Mittler des Religiösen werden kann.

---

[65] Friedrich Schleiermacher, Monologen, Wissenschaftliche Buchgemeinschaft e.V., Darmstadt, S. 9.

In der Verkündigung des christlichen Glaubens will Schleiermacher sich nicht durch das bekenntnisgebundene Christentum leiten lassen. Er will ein individuelles Christentum, das nicht durch Aussagen verengt oder verdunkelt ist, die der Bildungswelt nicht vermittelbar sind.

Offenbarung sieht Schleiermacher sich daher nicht so sehr an das geschriebene biblische Wort gebunden. Sondern als Offenbarung gilt ihm jede Anschauung des Göttlichen, die vom einzelnen Menschen als ursprünglich und neu erlebt wird.

Über die Person Jesu – so Schleiermacher – wissen wir wenig. Die Berichte der Evangelien seien weitgehend Zeugnisse des Glaubens der frühen Gemeinde. Aber das Grundlegende der Botschaft Jesu sei dennoch klar erkennbar. Jesus erlöse uns durch seine Botschaft und sein Handeln vom zürnenden Gott des Gesetzes. Er erlöse uns zur Freiheit. Er vermittele Gott als den, den wir als innerste Freiheit zum eigenen Tun und Leben erfahren können. Das Christentum erlöse uns aus dem "knechtischen Gottesverhältnis" und befreie uns zu einem harmonischen Menschsein, das in Gott seine wahre Bestimmung finde, d.h. ein geistig sittlicher Mensch zu werden. Diese Erfahrung von Freiheit sei verbunden mit dem Gefühl einer letztlichen Abhängigkeit. Daher kann Schleiermacher später Glauben auch als "das Gefühl der schlechthinnigen Abhängigkeit" definieren.

Schleiermachers theologisches Verdienst besteht m.E. darin, dass er den christlichen Glauben auf eine eigene von der Wissenschaft unabhängige Basis stellt. Der Glaube an Gott – und darin folgt er Kant und Fichte – begründet sich nicht im Wissen um eine letzte metaphysische Ursache aller Dinge. Sondern Gott wird erfahrbar im Inneren unseres Menschseins. Der Mensch findet zu Gott – so könnte man sagen –, indem er zu sich selbst findet und seine eigene unverwechselbare Individualität als Freiheit erfährt. Damit spricht Schleiermacher die "Gebildeten unter den Verächtern" der Religion an. Er macht den Glauben für Menschen verstehbar, die aufgeklärt und wissenschaftlich gebildet sind und daher zur traditionellen kirchlichen Lehre keinen Zugang mehr finden.

Das Problematische der Theologie Schleiermachers aber ist m.E. darin zu sehen, dass der Glaube nur noch ein Gefühl zu werden droht und sich damit vom Wort löst. Glaube ist nicht mehr – wie bei Luther – an das Wort gebunden, das mich anspricht, infrage stellt und zurecht bringt. Wie problematisch Theologie werden kann, wenn sie allein auf das Gefühl des Menschen konzentriert ist, zeigt die Entwicklung, die Schleiermacher am Beginn der Freiheitskriege gegen Napoleon als Prediger genommen hat. Hier ist das Gefühl der Gottinnigkeit nicht nur eine individuelle Erfahrung, sondern wird zum Gemeinschaftsgefühl des Volkes. Gott wird ein Gott des deutschen Volkes, und die Erfahrung von Freiheit wird zum Kampf um Freiheit, die das deutsche Volk gegen die napoleonische Fremdherrschaft zu erringen hat.

Gott in uns – Gott mit uns! –, Gott mit unseren Waffen gegen die Feinde des Volkes! Der Krieg wird zu etwas Erhabenem, zu einer Art Gotteserlebnis. Zu diesem national-religiösen Geist trug Schleiermacher zusammen mit Fichte durch seine Predigten vor allem in Berlin bei. Nicht zuletzt begründet er damit einen Geist, der das deutsche Volk 100 Jahre später begeistert in den 1. Weltkrieg ziehen ließ, und in dessen Verlauf Menschen zu einer Grausamkeit fähig wurden, die alles Reden von Gottinnigkeit radikal infrage stellt.

5. Ludwig Feuerbach, Karl Marx und Friedrich Nietzsche: die atheistische Herausforderung

Schleiermachers Theologie und Frömmigkeit, wonach Gott – losgelöst vom Wort der Verkündigung – als Gefühl im innersten Selbst des Menschen erfahrbar wird, hatte auch eine andere problematische Folge. Der Schritt war nun nicht weit, den Glauben an Gott nur noch als Ausdruck menschlichen Wünschens oder Träumens zu verstehen.

Ludwig Feuerbach (1804-1872) war der Anfänger dieser atheistischen Bewegung, die sich im 19. Jahrhundert vom christlichen Glauben und von der Religion überhaupt abwendet. Wie Schleiermacher oder Lessing vor ihm, studierte er zunächst Theologie als Schüler Hegels und Schleiermachers und versuchte deren Theologie fortzusetzen.

Aber die Begründung des Glaubens an Gott im menschlichen Ich-Bewusstsein überzeugte ihn nicht. Sie führte Feuerbach in das Gegenteil des Glaubens – in den Atheismus. Der Glaube an Gott wurde für ihn nur noch Ausdruck oder Bild des menschlichen Ich-Bewusstseins. Gott sei nichts anderes als eine menschliche Wunschvorstellung. „Was der Mensch selbst nicht ist, aber zu sein wünscht, das stellt er sich in seinen Göttern als seiend vor; die Götter sind die als wirklich gedachten, die in wirkliche Wesen verwandelten Wünsche des Menschen"[66]

Für Feuerbach ist der Mensch ein vollkommen irdisches Wesen ohne einen transzendenten Bezug. Es gibt keine innere Geistigkeit, die ihn mit einem Gott verbindet. Der Vorzug des Menschen gegenüber dem Tier ist der, dass er sich seiner selbst bewusst wird und sich ein Bild von sich selbst machen kann. Gott wäre somit das Idealbild, das sich der Mensch von sich selbst macht und "als Spiegel" vor sich her trägt. Oder: *Gott ist das träumende Bewusstsein, in das der Mensch seine Hoffnung, seine Furcht und seine Wünsche hineinprojiziert*.

Im Bemühen des Menschen, sich die Welt und ihren Ursprung zu erklären, wäre Gott die Vergegenständlichung des menschlichen Verstandes. Und im Bemühen des Menschen, sein sittliches Verhalten zu begründen und eine Grundlage für das menschliche Zusammenleben zu finden, wäre Gott die Vergegenständlichung seines Willens.

Ein Gott, der denkt, handelt und fühlt wie ein Mensch, nur nicht individuell eingeschränkt, sondern umfassend und universell, ist für Feuerbach das Traum- und Wunschbild der Religion.

Zu einem ähnlichen Schluss kommt Karl Marx (1818-1883). Die Philosophie Hegels, wonach im Menschen die Entwicklung des

[66] Ludwig Feuerbach, Das Wesen der Religion, 1845, in: Quellenbuch zur Kirchengeschichte, S. 121.

Geistes zu sich selbst findet, will Marx "vom Kopf auf die Füße stellen". D.h. nicht der Mensch ist Produkt oder Ausdruck der Entwicklung des Weltgeistes, sondern umgekehrt: Der Geist ist ein Ergebnis natürlich-materieller Entwicklung. Und somit ist auch alle Religion – der Glaube an Gott – ein Ergebnis dieser Entwicklung.

Karl Marx als Kritiker und Revolutionär der kapitalistischen Verhältnisse sieht Religion vor allem auch als "Seufzen der geschundenen Menschheit", die sich nach einer Erlösung aus dieser ungerechten Welt sehnt. "Die Religion ist der Seufzer der bedrängten Kreatur, das Gemüt einer herzlosen Welt. ... Sie ist das Opium des Volkes."[67] Weil es in dieser Welt keine Hoffnung auf Besserung der Verhältnisse gibt, richtet sich die Hoffnung und Sehnsucht des Menschen auf eine jenseitige Welt. Die Mächtigen dieser Welt nutzen die Religion als Instrument ihrer Machterhaltung. Indem die Wünsche und Hoffnungen der Menschen auf ein besseres Jenseits vertröstet werden, können die Verhältnisse in dieser Welt so bleiben, wie sie sind. Somit bleibt die Herrschaft der Mächtigen erhalten. Dagegen fordert Marx, nicht nur die Philosophie vom Kopf auf die Füße zu stellen. Sondern vor allem soll die Hoffnung der Menschen auf eine Verbesserung bzw. Umwandlung der Verhältnisse in dieser Welt gerichtet werden. Was die Religion an Gerechtigkeit und Glückseligkeit in einer jenseitigen Welt erwartet, gilt es, für diese Welt nicht nur zu erhoffen, sondern in dieser Welt zu erkämpfen und zu verwirklichen. "Die Aufhebung der Religion als des illusorischen Glücks des Volkes ist die Forderung seines wirklichen Glücks. ... Die Kritik der Religion ist also im Keime die Kritik des Jammertals, dessen Heiligenschein die Religion ist."[68]

Die atheistische Sicht, den Menschen als vollkommenes irdisches Wesen ohne transzendenten Bezug zu sehen, wird in dieser Zeit durch die Evolutionstheorie Charles Darwins ge-

---

[67] Karl Marx, Zur Kritik der Hegelschen Rechtsphilosophie, 1843, in: Quellenbuch zur Kirchengeschichte, S. 86.

[68] Karl Marx, s.o.,

stützt. Der Mensch erscheint hier als bloßes Produkt von Evolution und Selektion. Er entwickelt sich allein aus dem Materiellen heraus. Und auch seine geistige Fähigkeit, sich seiner selbst bewusst zu werden, ist letztlich ein Ergebnis materieller, evolutionärer Entwicklung. Den Evolutionsprozess als Selektion, als Auslese, sieht Darwin durch den Überlebenskampf angetrieben, in dem sich die stärkere, lebenstüchtigere Gattung oder Lebensform gegenüber der Schwächeren durchsetzt. Das Gesetz des Stärkeren bestimmt das Geschehen in der Natur.

Die frühen Aufklärer formulierten ein Naturrecht, das den Menschen von Natur aus an Gebote bindet, die das Zusammenleben der Menschen ermöglichen und sichern. Dagegen beschreibt Darwin ein Naturrecht, das das Gesetz des Stärkeren zur Grundlage hat. Danach besitzt der Stärkere das Recht, sich gegenüber dem Schwächeren durchzusetzen, ihn zu beherrschen oder gar sein Lebensrecht zu bestreiten.

In der Philosophie Friedrich Nietzsches (1844-1900) kommt diese Anschauung zum Tragen. Nietzsche, der aus einem protestantischen Pfarrhaus stammte, Philologie und Philosophie studierte, gelangte zu einer schroffen Verachtung und Bekämpfung der "Mitleidsmoral" des Christentums. In seinen späteren Schriften vertrat er die Idee eines Übermenschentums, dessen Antrieb der Wille zur Macht ist. In der Gestalt des "Übermenschen", der "blonden Bestie", wird dieser zukünftige Mensch verkündet, der sich das Recht herausnimmt, über angeblich "minderrassige" und damit "minderwertige" Menschen zu herrschen und sie zu unterwerfen.

"Was ist gut? – Alles was das Gefühl der Macht, den Willen zur Macht, die Macht selbst im Menschen erhöht. Was ist schlecht? – Alles was aus der Schwäche stammt. ... Die Schwachen und Mißratenen sollen zugrunde gehen: erster Satz unserer Menschenliebe! ... Was ist schädlicher als irgendein Laster? Das Mitleiden der Tat mit allen Missratenen und Schwachen – das Christentum."[69] Dezidiert wendet sich Nietzsche hier gegen

[69] Friedrich Nietzsche, Der Wille zur Macht – Der Antichrist, in:

das Christentum als einer Religion des Mitleids, die den Menschen dazu bestimmt, dem Schwachen zu helfen und ihn zu schützen.

In der Rassenideologie des ausgehenden 19. und beginnenden 20. Jahrhunderts, die später im Nationalsozialismus zur mörderischen Staatsdoktrin wurde, fand die Philosophie Nietzsches vom Übermenschen ihre Umsetzung. Es zeigt sich hier, wie die Vernunft nicht von sich aus das Zusammenleben der Menschen begründen oder regeln kann. Wie schon Spener bemerkte, kann Vernunft auch in die Irre gehen. Sie bedarf des Glaubens, um recht geleitet zu werden. Es geht dabei um die Frage, welche Anschauung vom Menschen die Vernunft bestimmt.

6. Die historisch-kritische Forschung und die sozial-religiöse Bewegung im 19. Jahrhundert

Im Gefolge der Aufklärung hatte sich die Theologie als historisch-kritische Wissenschaft etabliert. Die Wahrheit der christlichen Verkündigung war nicht mehr darin zu suchen, dass die Bibel wörtlich als Gottes Wort zu lesen und zu glauben sei. Es hatte sich als notwendig erwiesen, die Texte der Bibel zunächst als menschliche Schriften zu verstehen, die in einer bestimmten Zeit unter bestimmten historisch bedingten Voraussetzungen entstanden waren.

Hervorragender Vertreter der historisch-kritischen Forschung wurde Adolf von Harnack (1851-1930), dessen Schrift "Das Wesen des Christentums" die Grundsätze dieser Forschung beispielhaft darstellt.[70]

Der Atheismus Feuerbachs hatte sich auf ein Glaubensverständnis bezogen, wonach der Glaube an Gott seinen Grund in der Selbstreflexion hat – im Innewerden des eigenen Ich. Diesen Gott der Innerlichkeit, so könnte man sagen, entlarvt Feu-

---

Quellenbuch zur Kirchengeschichte, Berlin 1964, S. 128.

70 Adolf von Harnack, Das Wesen des Christentums, Siebenstern-Taschenbuch, 1964.

erbach als Wunschgebilde. Gott wird ein Wunschbild des menschlichen Selbst.

Harnack bezieht sich zwar nicht direkt auf Feuerbach. Dennoch lässt sich seine Theologie als Antwort verstehen. Sie konzentriert sich auf die Gestalt Jesu und dem Zeugnis der Bibel als Urkunde des Glaubens. Glaube ist nicht Innerlichkeit, hat seinen Grund nicht im Selbst- oder Ich-Bewusstsein des Menschen. Sondern Glaube wird geweckt und begründet im Hören auf die biblische Botschaft des Evangeliums. Diese Botschaft gilt es, historisch-kritisch als menschliches Wort zu erfassen. Harnack geht es hier vor allem um die Erforschung der Geschichte Jesu, wie sie den Evangelien zu entnehmen ist.

Vor allem sind es drei Themenbereiche, die Harnack herausstellt:

- die Verkündigung Jesu vom nahen Reich Gottes, das sich in seinen heilenden Wundertaten kundtut;
- die Nähe Gottes als Vater, mit der dem Menschen eine unverletzliche Würde zugesprochen wird
- und das Gebot der Liebe als Wurzel oder letztlicher Inhalt aller Gebote.

Im Gebot der Liebe geht es nicht um das Einhalten einzelner gesetzlicher und ritueller Bestimmungen, sondern um die Freiheit zu tun, was nötig ist, damit ein menschliches Miteinander gelingt. Christlicher Glaube erweist sich somit als Freiheit vom Gesetz.

Indem Jesus die Liebe als Grundgebot lebt und verkündigt, wird er ein Leitbild für die sittliche Vervollkommnung des Menschen – für das, was wahrhaft menschlich ist. Die kulturelle Entwicklung zu mehr Humanität versteht Harnack als eine schrittweise Verwirklichung des Reiches Gottes.[71]

In besonderer Weise wird die Gestalt Jesu für die um die Wende vom 19. zum 20 Jahrhundert entstehende sozial-

---

[71] Diese sittlich bestimmte Frömmigkeit der liberalen Theologie wurde dann sehr bald als "Kulturprotestantismus" bezeichnet und abgewertet.

religiöse Bewegung zum Verkünder einer hier auf Erden zu verwirklichenden sozialen Gerechtigkeit. Die Bewegung entstand zunächst in England, dann auch in Deutschland. Angesichts der Verelendung der damaligen Arbeiterschaft infolge der industriellen Revolution forderte die sozial-religiöse Bewegung, innerhalb der Kirche darüber nachzudenken, welche Antwort sie vom Evangelium her zu geben habe. Gegen die marxistische Polemik, die Kirche vertröste die Menschen auf ein besseres Jenseits, galt es darzustellen, dass die Predigt Jesu vom Reich Gottes eine gerechte irdische Welt zum Ziel hat.

Pastor Dr. Cordes[72], der dieser Bewegung angehörte, schrieb dazu in seinem Aufsatz "Jesus und die soziale Frage"[73]: "Der Jesus der Evangelien fordert die Mitarbeit eines jeden, der sein Jünger sein will, um die Zustände zu verbessern. Jesus vertröstet nicht auf ein besseres Jenseits, sondern er hilft und heilt Menschen. Die Seinen sind daran zu erkennen, dass sie gemäß dem Gleichnis vom großen Weltgericht ´Hungrige speisen, Gefangene besuchen´. Heute hieße das, dass sie durch das Wirtschaftsleben Geknechtete befreien." Jesus könne zwar nicht ohne weiteres für ein Zukunftsprogramm in Anspruch genommen werden, aber: "... uns Sozialisten, die wir von der Möglichkeit und Notwendigkeit einer radikalen Änderung des herrschenden Systems überzeugt sind, macht Jesus den Kampf und die Arbeit für den Sozialismus zur Gesinnungssache ... Von Jesus habe ich den Glauben an das Kommen einer besseren Zeit, in der nicht mehr menschliche Selbstsucht und Mammons Macht das letzte Wort haben, sondern das Ideal der Gerechtigkeit und Brüderlichkeit." Daher gelte es „als erstes in unserer eigenen Person den Typus des sozial gesinnten Menschen schon jetzt zu verwirklichen."[74]

---

72 Johann Gottlieb Cordes war von 1904-1924 Pastor der Reiherstieggemeinde in Wilhelmsburg.

73 Johann Gottlieb Cordes, Jesus und die soziale Frage, Gießen 1911.

74 Die Zitate habe ich meiner Geschichte der Reiherstieggemeinde „Zwischen Industrie und grünen Wiesen", Hamburg 1996, S. 46, entnommen.

7. Die theologische Wende nach dem Ersten Weltkrieg: *Gott ist anders!*

Die Schrecken des Ersten Weltkrieges und die krisenhafte Entwicklung in der Zeit danach stellten den theologischen Optimismus, dass unsere Welt sich kulturell und sozial zu immer mehr Humanität und sozialer Gerechtigkeit im Sinne einer Verwirklichung des Reiches Gottes entwickeln lässt, gründlich infrage.

Ein ganz neues, anderes Verständnis Gottes begründete nun die so genannte *Dialektische Theologie*, die vor allem mit dem Namen des Schweizer Theologen Karl Barth verbunden ist.

Gott ist weder als Antrieb zum Guten im Inneren des Menschen oder als Kraft zur sittlichen Vervollkommnung erfahrbar, noch kann der christliche Glaube geschichtlich an der Gestalt Jesu dargestellt werden. Gott ist anders! Gott ist weder im Innern des Menschen erfahrbar, noch durch geschichtliche Wissenschaft erweisbar. Sondern Gott ist jenseitig. Von außerhalb (*extra nos*) tritt seine Botschaft als Offenbarung an den Menschen heran.

Der Marburger Theologe Rudolf Bultmann stellt diese Wende zur dialektischen Theologie in seinem Aufsatz „Die liberale Theologie und die jüngste theologische Bewegung“ dar.[75]

Danach kann die historisch-kritische Bibelerforschung kein für den Glauben gültiges Jesusbild ermitteln. “Die Welt, die der Glaube erfassen will, ist mit Hilfe der wissenschaftlichen Erkenntnis überhaupt nicht erfassbar.“ Denn es gibt keine direkte historisch vermittelte Gotteserkenntnis. Gott ist keine Gegebenheit. Gott ist anders. Er ist jenseitig.

Versucht man, Gott mit Hilfe der Geschichtswissenschaft oder Naturerkenntnis zu erfassen, nimmt man der christlichen Botschaft ihr Ärgernis – das Ärgernis nämlich, “dass Gottes Jenseitigkeit die Durchstreichung des ganzen Menschen und seiner ganzen Geschichte bedeutet. Die Welt liegt vor Gott in der Sünde. „Der Mensch kann in der Welt nichts tun, was als

---

[75] R. Bultmann, Glauben und Verstehen, Bd. I, S. 1 ff.

Dienst für Gott zu bezeichnen wäre. Es gibt kein Tun, das sich direkt auf Gott oder sein Reich beziehen ließe. Jede Form menschlichen Gemeinschaftslebens, die schlimmste wie die idealste, steht gleichermaßen unter dem göttlichen Gericht."

Das Ärgernis des Wortes Gottes, das alles menschliche Tun als Sünde richtet, trifft in besonderer Weise alle, die sich um ein sittlich gutes Leben bemühen. Denn es bricht ihren Stolz und ihren Ruhm. Und damit wird deutlich, dass die eigentliche Sünde des Menschen nicht in der sittlichen Verfehlung besteht, sondern darin, dass sich der Mensch mit seinem Tun und Leisten selbst behaupten will und sich damit selbst zu Gott macht.

Wer aber das Gericht Gottes über sich selbst annimmt, der wird frei von dem Drang zur Selbstbehauptung. Er empfängt die Gnade, als Sünder von Gott angenommen zu sein. Aus dieser Demut heraus kann er tun, was nach seinem Gewissen zu tun ist und was ihm in seinen Grenzen möglich ist. "Der Glaubende ist der von Gott verwandelte Mensch. Er wird von Gott *getötet* und *wieder erweckt*. Was Gnade ist, kann nur der Mensch wissen, der sich als Sünder weiß. Der Blick auf Gottes Gericht und Gottes Gnade in einem macht das Wesen des Glaubenden aus."

Liest man diese steilen Behauptungen über Gottes Gericht und Gottes Gnade, über das grundsätzliche Sündersein des Menschen, fragt man sich, woher Karl Barth diese theologische Erkenntnis nimmt. Wenn alle geschichtliche Erforschung der Gestalt Jesu nur relativ ist und der Nichtigkeit des göttlichen Gerichts verfällt, wie kommt Karl Barth zu seiner Erkenntnis?

Wie schon gesagt, war die dialektische Theologie eine Theologie der Krise gewesen. Das Gericht Gottes über alles menschliche Tun entsprach der Erfahrung, wie durch die Schrecken des Krieges und mit den Wirren der Zeit nach dem 1. Weltkrieg alles menschliche Tun und Streben seinen Sinn zu verlieren drohte. Im Menschen steckt nicht das Gutes, sondern eher das Böse. Zu welchen Abgründen der Bosheit und Grausamkeit ist der Mensch fähig! Der Stimmung jener Zeit kam daher der Text aus Römer 3 entgegen, wo Paulus in den Versen 11-18 die generelle Sündhaftigkeit des Menschen feststellt. “Sie sind alle abgewichen und allesamt verdorben. Da ist keiner der Gutes tut, auch nicht einer. Ihr Rachen ist ein offenes Grab; mit ihren Zungen betrügen sie; ihr Mund ist voll Fluchen und Bitterkeit. Ihre Füße eilen, Blut zu vergießen und den Weg des Friedens kennen sie nicht ...“ Und dann schließt Paulus mit den bekannten Sätzen: “Denn hier ist kein Unterschied: Sie sind allesamt Sünder und ermangeln des Ruhms, den sie bei Gott haben sollten, und werden ohne Verdienst gerecht aus seiner Gnade durch die Erlösung, die durch Christus Jesus geschehen ist“ (V. 22-24).

Karl Barth konzentriert seine Theologie im Unterschied zu den liberalen Theologen auf die Aussagen des Paulus, für den allein der gekreuzigte und auferstandene Christus die Grundlage seines Glaubens und seiner Verkündigung ist

Und dies gilt auch für die Theologen der dialektischen Theologie.

Nun ließe sich darauf hinweisen, dass auch Paulus das menschliche Tun nicht generell unter das Verdikt des Gerichtes Gottes stellt, so dass – wie die dialektischen Theologen sagen – kein Tun des Menschen den Charakter eines Dienstes für Gott haben kann. In Röm. 12,1-2 ermahnt der Apostel die Christen, ihre Leiber als ein lebendiges Opfer hinzugeben. “Das sei euer vernünftiger Gottesdienst. Und stellt euch nicht dieser Welt gleich, sondern ändert euch durch die Erneuerung eures Sinnes, damit ihr prüfen könnt, was Gottes Wille ist, nämlich das Gute und Wohlgefällige und Vollkommene.“

Im Sinne der liberalen Theologie werden Christen aufgefordert, nach dem Willen Gottes zu fragen und für das Gute – also für das sittlich gute Zusammenleben und für soziale Gerechtigkeit – einzutreten. Nicht auf das generelle Sündenbekenntnis, das in der Nacht alle Katzen grau erscheinen lässt, sondern auf die Umkehr und Erneuerung des Sinnes kommt es Paulus an.

Gewiss, Umkehr und Erneuerung des Sinnes sind nur möglich aufgrund der Einsicht in die Verfehltheit des bisherigen Lebens. Aber dieses Verfehlen des Lebens ist konkrete Schuld gegenüber anderen Menschen und nicht einfach generell Sünde vor Gott.

Das wäre meine Hauptkritik an der steilen Behauptung der Sündhaftigkeit allen menschlichen Lebens und Tuns: Die konkrete Schuld gegenüber dem Mitmenschen gerät aus dem Blick. Das kann auch zu einer frommen Selbstgerechtigkeit führen. Das Sündenbekenntnis vor Gott ist leicht gesagt und beruhigt das fromme Gewissen. Aber was ist mit der konkreten Schuld gegenüber dem Mitmenschen? Sie nicht nur gegenüber Gott, sondern auch vor dem Menschen zu bekennen, vor dem man schuldig geworden ist – dazu zu stehen, ist ungleich schwerer.

Zum andern wäre das Offenbarungsverständnis der dialektischen Theologie zu hinterfragen.

Die Wahrheit Gottes erscheint als eine "Offenbarung senkrecht von oben" (Bonhoeffer). Sie wird doch aber vermittelt durch Texte der Bibel, die nicht vom Himmel gefallen sind, sondern von Menschen in ihrer jeweiligen geschichtlichen Situation geschrieben wurden.

In dieser Hinsicht betont Rudolf Bultmann, dass zum Glauben das Verstehen gehört – siehe den Titel seiner Aufsatzbände „Glauben und Verstehen". Das Verstehen des Wortes Gottes geschieht in vernünftigen Kategorien.

Es gilt daher, erneut danach zu fragen, wie Glaube an Gott in unserer Zeit verstanden werden kann.

XIII. Der Glaube an Gott in unserer Zeit

Wie müsste Glaube an Gott in unserer Zeit zum Ausdruck gebracht werden, und was können wir dabei aus der Geschichte des Glaubens lernen?

In unserer Zeit, in der das antike dreistöckige Weltbild nicht mehr unserem naturwissenschaftlich bestimmten Weltbild entspricht, kann Glaube an Gott nicht mehr Glaube an einen im Himmel thronenden und richtenden Gott sein. Glaube kann heute auch nicht mit einer Lehre über Gott als Ursache aller

Dinge zum Ausdruck gebracht werden. Seit Immanuel Kant mit seiner *Kritik der reinen Vernunft* den Glauben vom Wissen unterschieden hat, kann die Frage nach Gott mit Argumenten der Vernunft nicht mehr beantwortet werden. Die auf das Erfahrbare und Erforschbare ausgerichtete Vernunft braucht Gott nicht als Hypothese. Gott ist kein Lückenbüßer für das, was wir noch nicht wissen. Gott gibt es nicht, wie es etwas Greifbares, Gegenständliches gibt. Wäre daher der Atheismus eines Ludwig Feuerbach oder Karl Marx die logische Folge dieser Erkenntnis? Mich veranlasst diese Erkenntnis, der Frage nach Gott neu und grundsätzlich nachzugehen!

1. Glaube als Vertrauen

Die Geschichte des Glaubens lehrt uns, dass es Glauben an Gott in sehr verschiedenen Ausdrucksformen gibt. Indem er sich auf die jeweilige Zeit mit ihrem Weltbild und Weltverständnis bezogen hat, war er immer wieder einem Wandel unterworfen.

Eine Gemeinsamkeit aber wohnt allem Gottesglauben von Anfang an inne, nämlich die, dass sein Ursprung im Bedürfnis des Menschen nach Schutz und Hilfe liegt.

Glaube an Gott ist das Vertrauen, die "Zuversicht in allen Nöten". Auf die Frage, was es bedeute, einen Gott zu haben, antwortet z.B. Martin Luther im Großen Katechismus: "Einen Gott haben, heißt: sich versehen alles Guten und Zuversicht haben in allen Nöten." Oder wie es der Volksmund sagt: "Not lehrt beten". Die Not lehrt uns, nach Gott zu fragen und auf ihn zu hoffen. In jeder Religion, im Vielgötterglauben, im Gottesglauben des Judentums, der Christen und des Islam dürfte diese Hinwendung zu Gott jenseits und vor aller Gotteslehre oder ritueller Praxis das Grundlegende sein. Sie ist etwas allgemein Menschliches.

Schleiermacher nennt dieses allgemein Menschliche das "Gefühl der schlechthinnigen Abhängigkeit". Im Gebet bringen wir dieses Gefühl zum Ausdruck. Und wenn wir beten, fragen wir nicht danach, wie wir Gott zu denken haben, oder ob es ihn überhaupt gibt. Sondern wir strecken uns aus nach Beistand und Hilfe.

2. Gott ist im Wort

Aber wie erfahre ich Gott, zu dem ich bete? Wie kann ich seiner gewiss werden? Auf diese Frage gibt es verschiedene Antworten. Auch heute – vor allem im Hinduismus Asiens – versuchen Menschen durch die Darbringung von Opfern der Nähe und Hilfe Gottes gewiss zu werden. Oder es gibt den spirituellen Weg, den Weg mystischer Versenkung. Durch Meditation, Fasten und Askese – durch die Einkehr in sich selbst – kann der Mensch die Nähe Gottes erfahren.

Nach biblischem Verständnis offenbart sich Gott durch sein Wort. Schon am Anfang der Bibel heißt es: *Gott ruft die Welt durch sein Wort hervor*. Jeder Schöpfungsakt wird mit den Worten "Gott sprach" eingeleitet. Und nach jedem Schöpfungsakt heißt es: "Und Gott sah, dass es gut war." Das Schöpfungswort Gottes bestimmt die Welt zum Guten.

Wenn wir heute fragen, wie wir Gott als Schöpfer der Welt zu denken haben, dann eben nicht, indem wir uns vorstellen, Gott habe die Welt wie ein Weltbaumeister gebaut. Sondern darin ist die Welt Schöpfung Gottes, dass sie zum Guten bestimm ist. Und der Mensch, der zum "Ebenbild" Gottes geschaffen ist, hat seine Bestimmung und Würde darin, diese Welt als Schöpfung Gottes zu gestalten und zu bewahren.

Das Wort Gottes steht am Anfang! So sieht es nicht nur der Schöpfungsbericht, so steht es auch im Neuen Testament. Das Johannesevangelium beginnt mit den Worten: "Am Anfang war das Wort, und das Wort war bei Gott, und Gott war das Wort. Alle Dinge sind durch dasselbe gemacht" (Joh. 1,1-3).

Gottes Wort geschieht dann im Alten und im Neuen Testament, indem Menschen von Gott angesprochen und berufen werden. Abraham empfängt Gottes Wort als Berufung, in ein neues Land zu ziehen. Mose wird berufen, das Volk aus der Knechtschaft zu befreien. Die Propheten werden berufen, Gottes Botschaft dem Volk zu sagen. Oder Gottes Wort erscheint als Gebot. Mose empfängt die Gebote am Berg Sinai. Und nicht zuletzt: Gottes Wort erscheint als Gerichtswort und Verheißung durch den Mund der Propheten.

Im Neuen Testament schließlich erneuert sich Gottes Wort in der Gestalt Jesu Christi. "Das Wort wurde Fleisch" (Joh. 1,14). Es geht ein in die Verkündigung, in das Leben und Sterben Jesu und in die Botschaft seiner Auferstehung.

Der Mensch der Bibel macht oder denkt sich nicht einen Gott. Er versucht die Existenz Gottes nicht zu beweisen. Sondern er vernimmt Gott als Anrede und Ruf. Und dieses ursprüngliche Erlebnis, von Gott angesprochen und berufen zu sein, wird als Gottes Wort tradiert. In allen Fällen geschieht Gottes Wort durch menschliche Worte hindurch, die jeweils ihrer Geschichte verhaftet sind. Das Wort Gottes als menschliches Wort ist daher immer schon gedeutetes Wort und bedarf immer wieder neu der Deutung, um ein lebendiges in die jeweilige Zeit hineinsprechendes Wort zu werden.

3. Glaube und Denken

Somit fordert uns das im Menschenwort enthaltene Gotteswort zum eigenen Denken und zum eigenen Umgang mit diesem Wort heraus.

Dabei gibt es zwei Irrwege. Der eine besteht darin, die Worte der Bibel wortwörtlich als Gottes Wort zu denken. Dieser biblizistische Irrweg macht das Wort Gottes zum Glaubensgesetz, das den Menschen unfrei werden lässt. Gottes Wort wird zur Vorschrift, wie Menschen zu leben haben. Dagegen betont der Apostel Paulus: "Der Buchstabe tötet, aber der Geist macht lebendig" (2. Kor. 3,6). Es geht darum, den Geist, d.h. den Sinn eines Textes zu erfassen! Der in den Texten des Neuen Testamentes enthaltene Geist Jesu Christi ruft uns in die Freiheit vom Gesetz. "Zur Freiheit hat uns Christus befreit. So steht nun fest, und lasst euch nicht wieder das Joch der Knechtschaft auflegen" (Gal. 5,1).

Der andere Irrweg in der Geschichte des Glaubens besteht immer wieder darin, aus dem Wort Gottes eine Lehre zu machen. Als verbindliches Bekenntnis meinte man, den Glauben allgemeingültig in Worte zu fassen – oder mit Hilfe der jeweiligen Philosophie ein Lehrgebäude errichten und damit ein ebenfalls allgemeines Wissen über Gott formulieren zu können.

Auf diesen Irrwegen wurde der Glaube intolerant gegenüber Menschen, die das Gesetz nicht buchstabengetreu befolgten, das Bekenntnis nicht teilten oder der dogmatisierten Lehre ihre eigene Erkenntnis entgegensetzten. Sie wurden als Ungläubige oder Ketzer verfolgt, aus der Gemeinschaft ausgeschlossen oder gar hingerichtet.

Schon Martin Luther entdeckte gegen den Lehrzwang der mittelalterlichen Kirche Gottes Wort als "lebendige Stimme des Evangeliums" (*viva vox evangelii*) neu. Sie beruft den Christen zur Freiheit – zur Freiheit des eigenen Glaubens und des eigenen Denkens. Jeder Mensch ist für seinen Glauben verantwortlich und bedarf nicht der Bevormundung oder Glaubensvermittlung durch ein kirchliches Lehramt.

Als später in der altprotestantischen Orthodoxie Gottes Wort wiederum zu Lehre erstarrte und die verschiedenen Konfessionen einen erbitterten Streit um den rechten Glauben austrugen, war es die Aufklärung, die den Glauben vom Lehrzwang befreite. Indem sie die Vernunft zum verbindenden Element menschlichen Lebens erklärte, konnte Glaube keine allgemein verbindliche Doktrin mehr sein. Das Wort Gottes begründet kein allgemeines Wissen. Es richtet sich nicht auf das, was Menschen wissen wollen. Das ist die Sache der Vernunft. Sondern Gottes Wort richtet sich auf das Gewissen des Menschen. Von daher gilt es, unterschiedliche Weisen des Glaubens zu tolerieren. Kein Mensch hat das Recht, über das Gewissen eines anderes zu herrschen.

Dieser Toleranzgedanke der Aufklärung erscheint mir heute in einer globalisierten Welt, in der die verschiedensten Religionen und Glaubensformen aufeinander treffen, von größter Bedeutung zu sein. Gottesglaube als vermeintliches Wissen über Gott in seiner fanatischen, extremistischen Form, wie er heute z.B. im Islam sein Unwesen treibt, wird zur Bedrohung der Menschen und des Friedens überhaupt.

In der heutigen Theologie sollte es weniger darum gehen, eine Lehre über Inhalte des Glaubens zu entwickeln, als vielmehr die "Hermeneutik" in den Fokus zu rücken – die Aufgabe der "Übersetzung". Glaube, der als menschliches Wort aus einer vergangenen Zeit überliefert ist, will in unsere gegenwärtige, von wissenschaftlichem Denken bestimmte Zeit "übersetzt" werden.

4. Der Glaube an die Heilsbedeutung Jesu Christi – Gott ist Liebe

„Hermeneutik" – *Übersetzung der Glaubensüberlieferung* – ist vor allem im Hinblick auf die Heilsbedeutung Jesu Christi wichtig. Kann die überlieferte Glaubensvorstellung, wonach Jesus Christus "für unsere Sünden" am Kreuz gestorben ist, heute noch maßgebend sein? Ist das Sündenverständnis, wonach die Schuld des Menschen so groß ist, dass sie nur durch das „Sühnopfer" des Gottessohnes getilgt werden kann, noch das unsrige?

Schon in der frühen Kirche und erst recht seit der Aufklärung ist Sünde nicht sosehr als Schuld vor Gott, sondern als Entfernung von Gott verstanden worden – in dem Wort "Sünde" steckt das Wort "Sund", Trennung. Indem sich der Mensch von Gott abkehrt und sein eigener Gott sein will, verfehlt er seine Bestimmung als Ebenbild Gottes und damit sein wahres Leben. Er verfällt seiner Selbstbezogenheit, seinem Egoismus und seiner Herrschsucht. Diese "Sünde" muss nicht gesühnt werden, sondern sie bedarf der Erneuerung des Sinnes.

Gott ist nach diesem Verständnis von Sünde nicht der Richter, der die Menschen nach ihren Taten richtet bzw. um seiner Gerechtigkeit willen das Sühnopfer braucht. Sondern Gott ist das "höchste Gute" (Augustin). „Gott ist Liebe" (1. Joh. 4,16). Der Mensch soll dieses Gute in Gott, die Liebe Gottes, erkennen und sein eigenes Leben Gott zuwenden. Der Mensch muss nicht mit der Strafe im Endgericht bedroht werden, sondern er bedarf der Einsicht, die zur Erneuerung seines Sinnes führt.

Die Heilsbedeutung Jesu Christi besteht nach diesem Verständnis darin, dass er uns die Freiheit zur Liebe eröffnet. Mit seiner Botschaft von Gott als einem Gott der Liebe und mit seinem vergebenden Handeln befreit Jesus Christus uns Menschen zu einem Leben in der Liebe. Vergebung heißt hier nicht Erlass der Strafe. Sondern Vergebung bedeutet die Zusage, ein geachteter und von Gott geliebter Mensch zu sein. Diese Zusage macht mich frei, die Verfehlung meines Lebens einzusehen und einen Neuanfang aus der Schuld heraus zu finden.

5. Gottes Nähe im gekreuzigten Christus – Glaube als Rechtfertigung aus Gott

Welchen Sinn hat Jesu Sterben am Kreuz, wenn man es nicht als ein Opfer für unsere Sünden verstehen kann?

Schon Paulus sieht in Jesu Kreuzigung nicht nur das Sühnopfer für unsere Sünden. Indem er den Kreuzestod Jesu auf sein eigenes durch eine Krankheit gezeichnete Leben bezieht, erfährt er im Kreuz Jesu Gott als den, dessen Macht "in der Schwachheit mächtig wird" (2. Kor. 12,9/1. Kor. 1,18-30). Jesu Sterben am Kreuz erweist Gott als einen Gott an der Seite der Schwachen und gedemütigten Menschen. Gott ist nicht der "Allmächtige", der Not oder Leiden verhindert, sondern Gottes Wort wird im Leid als Kraft erfahren, das Leid tragen und überwinden hilft.

Gott offenbart sich im gekreuzigten Christus! Als letztlich schwache, sterbliche Menschen sind wir *bei* Gott – sind wir geliebt und als Menschen gewürdigt. Daraus folgt für uns heute, dass wir die Schwachen, Behinderten und Sterbenden nicht aus unserer Gemeinschaft (als "unwertes Leben" – wie es im Dritten Reich hieß,) ausschließen, sondern sie würdigen und für sie sorgen, so gut wir es vermögen.

Daraus folgt vor allem auch, dass wir selber zu unseren Grenzen, zu unseren Schwächen, zu unserer Schuld stehen können. Wir müssen nicht die Guten sein, die alles können oder alles recht machen. Wir müssen uns nicht messen lassen an den Starken, Großen und Schönen, die im Rampenlicht der Öffentlichkeit stehen. Wir haben als Menschen in unsern Grenzen und mit unseren Möglichkeiten unsere eigene von Gott geschenkte Würde. Wir müssen uns nicht dem Leistungszwang dieser Welt unterwerfen, immer mehr haben zu wollen, immer besser und schneller usw. zu sein. Wir können uns mit dem begnügen, was wir für unser tägliches Leben brauchen.

Um es mit den Worten der Reformation zu sagen: Im Glauben an Gott, im gekreuzigten Christus, sind wir "gerechtfertigt aus Glauben!" Dieser Rechtfertigungsglaube bezieht sich heute nicht auf das Forum vor dem Richterstuhl Gottes, sondern auf das Forum dieser Welt mit ihren Leistungsgesetzen.

Gerechtfertigt aus Gott – gerechtfertigt im Glauben an Gottes Nähe durch den gekreuzigten Christus –, sind wir befreit zu einem Leben, in dem wir so sein können, wie wir sind, und unseren Mitmenschen so annehmen können, wie er ist. Wir müssen unsern Nächsten nicht als Konkurrenten sehen. Wir finden zu einem Leben der Offenheit und des Miteinanders.

6. Glaube als Hoffnung

Die Botschaft Gottes vom gekreuzigten Christus ist nicht ohne die "Auferstehung Jesu" zu verstehen. "Auferstehung am dritten Tag" meint den neuen Tag, der das Leiden hinter sich lässt und einen Neuanfang zu neuem Leben eröffnet.

Die Auferstehung Jesu macht den Tod nicht rückgängig. Sie verheißt aber die Überwindung des Leids, der Ungerechtigkeit, des Unfriedens und des Todes. Aus einem Leben im Leid soll ein Leben in der Freude werden, aus Ungerechtigkeit soll Gerechtigkeit, aus Hass soll Versöhnung, aus Krieg soll Friede werden. Der Tod soll nicht das letzte Wort behalten. Gott wird als ein Gott der Hoffnung verkündet.

Wichtig erscheint mir: Die Hoffnungsbotschaft der Auferstehung meint auch gerade unser irdisches Leben. In dem Sinne erinnert Paulus die Gemeinde in Rom daran, dass wir als Christen mit Christus auferstanden sind, indem wir zu einem neuen Leben gemäß seiner Liebe finden. Als Getaufte sollen, “so wie Christus auferweckt ist von den Toten ..., auch wir in einem neuen Leben wandeln“ (Röm. 6,4).

In den Seligpreisungen Jesu werden die Barmherzigen, die Menschen, die Leid tragen können, die Friedensstifter und die sich für die Gerechtigkeit einsetzen und sich um der Gerechtigkeit willen verfolgen lassen, als Träger des neuen Lebens selig gepriesen.

Die Hoffnung auf eine Welt des Friedens und der Gerechtigkeit soll keine Utopie sein, sondern in uns Christen und in der Kirche Jesu Christi Gestalt annehmen, so wie sie überall dort bewahrheitet wird, wo Menschen sich für Frieden und Gerechtigkeit einsetzen.

XIV. Gottesdienst heute

Wie müsste unser Gottesdienst in der heutigen Zeit gestaltet werden – in einer Zeit, in der es nicht mehr üblich ist, sonntags in den Gottesdienst zu gehen, und in der der Glaube an Gott vielen Menschen fragwürdig geworden ist?

1. Zu erinnern wäre an den ursprünglichen Sinn des christlichen Gottesdienstes, wie er in den Briefen des Apostels Paulus erscheint.

In Römer 12,1 ermahnt der Apostel die Gemeinde, den eigenen Leib – das eigene Leben – als ein “lebendiges Opfer“ hinzugeben. “Das sei euer vernünftiger Gottesdienst“.

Gegen einen Gottesdienst, der sich im Opferritus oder in wörtlicher Gesetzestreue als Dienst für Gott versteht, ermahnt der Apostel, Gottesdienst als Hingabe des Lebens für das “Gute und Wohlgefällige“ zu vollziehen. Der Gottesdienst hat seinen Sinn als “Dienst für die Menschen“ entsprechend dem Jesuswort, wonach der Mensch nicht für den Sabbat, sondern der Sabbat für den Menschen da ist.

Im 1. Korintherbrief (Kap. 12) wird die Gemeinde als “Leib Christi“ verstanden. Das bedeutet, mit ihrem “Gottesdienst“ soll sie die in Jesus Christus Mensch gewordene Liebe Gottes "verleiblichen" und unter den Menschen Gestalt werden lassen. Die Gemeinde soll ein Leben vorleben, das den Mächten dieser Welt, dem Egoismus, dem Machstrebens, dem "wie du mir, so ich dir" widersteht. Sie soll ein Ort der Liebe und der Hoffnung werden.

Schon Im Laufe der frühen Kirchengeschichte wandelte sich dieses Gottesdienstverständnis. Aus dem lebendigen Gottesdienst im Sinne der Verleiblichung des Herrn wurde die "Heilsanstalt" (Bultmann), wurde ein Gottesdienst, der das Heil Jesu Christi sakramental und lehrhaft vermittelte. Die Gemeinde wurde eine Versammlung von Hörern und Empfängern des Heils.

In unseren protestantischen Gemeinden konzentriert sich die "Heilsvermittlung" auf das Wort der Predigt. Damit droht unser Gottesdienst eine Lehrveranstaltung zu werden, die von vielen nicht mehr verstanden und benötigt wird.

2. Wie also müsste sich unser Gottesdienst verändern bzw. neu verstanden werden? Hilft eine Besinnung auf das ursprüngliche christliche Gottesdienstverständnis des Paulus?

Wie könnte der Gottesdienst zu einer „leibhaftigen" Feier werden, in der die Gottesdienstbesucher aus Zuhörern zu Teilnehmern mit Leib und Sinnen werden?

Die Erfahrung, dass unsere Gottesdienste oft nicht so besucht sind, wie wir uns das wünschen, könnte in dieser Hinsicht als Chance begriffen werden. Denn wer sich heute zum Gottesdienst hält, tut das in der Regel sehr bewusst. Von daher sollte er auch als interessierter und bewusster Christ empfangen und gewürdigt werden.

Wie wäre es, wenn man sich zu Beginn des Gottesdienstes gegenseitig begrüßte und im Rahmen der oft eher formalen Abkündigungen Raum gibt für persönliche Worte?

Entsprechend sollte der Gottesdienst mit einem "Kirchenkaffee" enden, was in vielen Gemeinden schon praktiziert wird.

Wie wäre es, wenn der Pastor nicht von "oben herab" seine Predigt hält, sondern sie im Dialog mit der Gemeinde vorträgt?

Wie wäre es, wenn anstelle des "Apostolischen Glaubensbekenntnisses" mit seinen Glaubensaussagen aus einer Zeit vor der Aufklärung ein Glaubensbekenntnis – wenn überhaupt – gesprochen würde, das in unserer Zeit formuliert wurde? Die Agende hält dafür Beispiele bereit.

Wie wäre es, wenn unser Fürbittengebet nicht nur eine Aneinanderreihung von Bitten für alle Welt wäre, sondern die Sorgen und Nöte der Anwesenden mit aufnehmen könnte und mehr Gelegenheit böte, die Gebetsbitten meditativ einzubeziehen?

Insgesamt müssten unsere Gottesdienste kommunikativer werden, damit die Gottesdienstbesucher sich als mündige "Gottesdienstteilnehmer" in das Geschehen des Gottesdienstes einbezogen fühlen.

Dazu könnte auch gehören, dass unsere Gottesdienstlieder mehr Lieder unserer Zeit würden. Das Singen sollte Freude bereiten und die Gemeinde nicht nur innerlich, sondern auch körperlich in Bewegung bringen. Warum nicht auch mal bei einer mitreißenden Melodie mitklatschen, wie es in den afrikanischen Pfingstgemeinden üblich ist? Zu fragen wäre hier auch, ob es immer die gute alte Orgel sein muss, die den Gesang begleitet, oder ob nicht genauso das Schlagzeug, die Geige oder die Gitarre geeignete Instrumente wären.

Also: Unser Gottesdienst sollte nicht nur kommunikativer, sondern auch lebendiger und fröhlicher werden. Wir haben doch eine Freudenbotschaft zu verkünden. Von dieser Freude des Evangeliums ist in vielen unserer Gottesdienste viel zu wenig zu spüren.

3. Der Gottesdienst der Gemeinde, die sich als „Leib Christi" versteht, sollte darüber hinaus verbunden sein mit dem Tun der Gemeinde. Anders gesagt: Sosehr der Gottesdienst im Sinne der Rechtfertigung die befreiende Botschaft des Evangeliums zu verkünden und zu feiern hat, sosehr sollte er andererseits dazu ermutigen, dass sich die Gemeinde der Menschen annimmt, die in Not oder Schwierigkeiten sind. Durch gezielte Projekte oder Gesprächsangebote könnte die Gemeinde ein

"Hoffnungsort" im Stadtteil werden. Glieder der Gemeinde, ihre Pastorinnen, Pastoren und ihre Mitarbeiter sollten im Stadtteil präsent sein und nach Möglichkeit in entsprechenden Initiativen mitarbeiten. Im Gottesdienst, im Predigtgespräch oder in den Fürbitten fände dieses "Tun" der Gemeinde seinen Widerhall und seine Ermutigung. Ohne die Beglaubigung durch das Tun wird die Botschaft von der Liebe Gottes eine letztlich nichts-sagende fromme Rede.

In der Bergpredigt Jesu empfangen wir Christen den Auftrag und die Bestimmung, "Salz der Erde" und "Licht der Welt" zu sein. Jesus fährt dann fort: "Wenn das Salz aber nicht mehr salzt, womit sollte man salzen? Es ist zu nichts mehr nütze, als dass man es wegschütte und lässt es von Leuten zertreten" (Mt. 5,13). Unser Gottesdienst sollte mit seiner Verkündigung, die vom Tun der Gemeinde beglaubigt wird, "Salz" im Stadtteil, "Salz" in der Welt sein. Wenn der Gottesdienst nicht mehr "salzt", wenn er nichts bewirkt, wird er von den Leuten "zertreten", d.h. nicht mehr besucht.

Wenn wir aber als Gemeinde mit unseren Gottesdiensten dieser Berufung, "Salz der Erde" und "Licht der Welt" zu sein, nachkommen, und einen Hoffnungsort für die Menschen darstellen, werden wir uns um die Zukunft unserer Gemeinden und unserer Kirche keine Sorge machen müssen.

Literaturverzeichnis und Dank

Herbert Braun, Jesus, Gütersloh 1978.

Rudolf Bultmann, Theologie des Neuen Testamentes, Tübingen 1977.

Gebete der Menschheit, herausgegeben von Alfonso M. Di Nola, erschienen im Deutschen Bücherbund Hamburg.

Adolf von Harnack, Das Wesen des Christentums, Siebenstern Taschenbuch, 1964.

Uta Ranke-Heinemann, Eunuchen für das Himmelreich, Hamburg 1988.

Emanuel Hirsch, Die Geschichte der neueren evangelischen Theologie, 1975.

Heinrich Kraft, Die großen Denker der christlichen Antike, Augsburg 1999.

Friedrich Loofs, Dogmengeschichte, Teil 2 ,Tübingen 1968.

Martin Noth, Die Geschichte Israels, Göttingen 1950.

Gerhard von Rad, Die Theologien des Alten Testamentes, München 1957.

Religion in Geschichte und Gegenwart, 3. Auflage, Tübingen 1957.

Friedrich Schleiermacher, Monologen, Darmstadt 1984.

Hermann A. Schlögl, Das Alte Ägypten, München 2003.

Quellen zur Kirchengeschichte, Band II, 6. Auflage, 1964.

Geza Vermes, Jesus der Jude, Neukirchener Verlag, 1993.

Außer der verwendeten Literatur haben mir beim Schreiben des Buches mein Freund, Pastor i.R. Ludolf Ulrich, mit seinem Rat und Inga von Thomsen mit ihrem Lektorat geholfen. Ihnen danke ich vielmals. Ebenso danke ich Pastor Dr. Werner Steinmann, der in seinem Verlag den Druck meines Buches übernommen hat.

Hildebrand Henatsch , 12. September 2014

Weitere Bücher von Hildebrand Henatsch

Jesus Christus – Provokateur zum Leben
2010. 94 Seiten. Paperback. € *12,80.*
ISBN 978-3-927043-40-4

Auf knapp 100 Seiten arbeitet der Autor die wesentlichen inhaltlichen Linien der Gestalt und Botschaft Jesu heraus. Er schlägt dabei für den theologischen Laien Schneisen ins Dickicht komplizierter, vielschichtiger Zusammenhänge. Ein hilfreiches, ein faszinierendes Buch!

Wilhelmsburger Predigten
2007. 92 Seiten. Paperback. € 9,80.
ISBN 978-3-927043-28-2

Eine Zusammenstellung von Predigten, in denen es Hildebrand Henatsch gelingt, die Stimme der Gnade als helle Spur der Bibel freizulegen. Er beschreitet dabei durchaus unkonventionelle Wege und stellt immer wieder soziale Gerechtigkeit und Dialogbereitschaft als an der Praxis orientierte Wesensmerkmale christlichen Glaubens heraus.

Im Zweifel für die Hoffnung
2005. 332 Seiten. Paperback. € 22,80.
ISBN 978-3-927043-22-0

Die Lebenserinnerungen von Hildebrand Henatsch sind nicht nur Zeugnis einer bewegenden Familiengeschichte, sie sind auch Zeugnis des politischen, gesellschaftlichen und kirchlichen Wandels des 20. Jahrhunderts.